从健康自我出发：

八位校长对学生培养目标的再思考

李烈　季苹◎主编

教育科学出版社

·北 京·

探索基础教育前瞻问题，
引领基础教育改革方向

　　时光飞逝，2011 年 7 月 17 日北京市第二期中小学名校长工作室启动仪式仿佛就在昨天。两年来，北京市第二期中小学名校长工作室在北京市教委、教育工委与北京教育学院领导下，在特聘导师们精心指导下，在学院导师的周到设计下，"相约星期三"，探索基础教育前瞻问题，开展现场学习、理论学习、国内外考察、诊断策划、行动研究等学习、研究、交流活动，大大提升了校长的专业发展水平，推动了学校的发展。

　　北京市第二期中小学名校长工作室有三个工作室，采取主题式研究，三个工作室的主题分别是"教育国际化"、"学校组织变革"、"学生自我能力培养"。主题确定的依据一是校长关注的重大实践问题，对学校发展能够产生重要影响，即是学校实践中的问题，是校长关注的问题，是重大的问题；二是教育管理理论界研究的重要问题，国内外学术界探讨并形成了一些理性成果的问题，即是理论有解的、探索性问题；三是当前教育、学校关注的、急需探讨的问题，即具有时代性的问题，研究主题是国家教育发展的方向，是北京市基础教育发展需要破解的问题。

　　围绕三个主题，北京市第二期中小学名校长工作室进行为期两年的行动研究，取得一批可喜的改革成果，引领首都基础教育改革方向，作为北京市第二期中小学名校长工作室的总顾问，我也倍感欣慰！

北京市第二期中小学名校长工作室的研究主要分两大方面，一是工作室校长们围绕主题，结合学校实践，确定自己的研究课题，带领全校教职员工进行行动改进式研究，校长们在改革探索中不断成长，学校在改革中也不断发展，贡献了一批首都改革经验，详见《教育国际化：学校发展的新探索》《学校组织变革实践：校长的探索》《从健康自我出发：八位校长对学生培养目标的再思考》三本著作。三本著作是三个工作室校长们两年来鲜活变革实践的理性思考，有的已经走在中国基础教育改革前沿，引领着中国教育改革与发展方向；有的尚显稚嫩，尚需假以时日，不断完善。二是工作室项目组围绕主题，结合实践探索案例，进行理论研究，贡献了三个主题方面的理论体系，详见《教育国际化：学校发展的新视界》《学校组织变革研究：校长的视角》《理解自我：教育文明的基础》三本专著。三本专著围绕三个主题进行开拓性研究，虽然有的研究尚显深度不够，但三本专著提出的理论观点与体系有许多创新，而且是基于实践取向的研究，对实践有较强的指导价值。

北京市名校长工作室已经成功举办了两期，积累了丰富的经验，已经成为探索中国基础教育前瞻问题、引领基础教育改革方向的重要平台，成为名校长成长与交流的重要平台。首先，北京市名校长工作室的导师团队注重整合多方资源，注重发挥多方主体作用。工作室采取特聘导师与学院导师"双导师制"，分别聘请清华大学的史静寰教授与中国人民大学附属中学的刘彭芝校长、北师大的褚宏启教授与北京十一学校的李希贵校长、北师大的陈会昌教授与北京实验二小的李烈校长为第一工作室、第二工作室、第三工作室的特聘导师，由北京教育学院校长研修学院的李雯副教授、陈丽教授、季苹教授分别任三个工作室的学院导师，并且每个工作室都配备一名年轻博士作为秘书。这样的组织结构保证了工作室团队多方力量的有机整合，从而保障了工作室的专业、高效运转。其次，北京市名校长工作室入室研究员选拔程序的公正严格。通过校长自主报名、区县教委推荐、专家面试等环节选择了对主题研究感兴趣、有研究能力、有改革魄力与改革需求、有一定办学业绩的校长进入名校长工作室，作为入室研究员与导师团队一起就主题开展行动研究，保障了工作室校长的高质量投入。再次，统分结合的工作室运作模式。三个工作室既有共同的培训交流活动，也有各工作室个性化的活动；每个工作室，既有共性活动，也有个性化指导活动，这种既有面上的整体培训、交流活动，又有个性化的培训、指导活动，保障了工作室整体质量与个性风格的形成。最后，整合运用多种研修方式，尤其注重行动研究，引领校长在对重要问题进行系统思考和实践探索，促进了校长与学校的发展，推出一批高水平的研究成果。

北京教育学院作为北京市中小学名校长工作室的具体承办单位，在探索名校长工作室运行模式、培养名校长、推出首都教育改革经验等方面功不可没。

2013 年 7 月 21 日

一次心灵的涤荡

——回顾北京市第二期名校长工作室第三工作室

为期两年的北京市第二期名校长工作室即将落下帷幕。回想这中间走过的一幕幕，我心中感慨万千。

北京市名校长工作室是北京市教工委对北京市校长队伍的一种厚爱，它借助北京教育学院的平台，为各区的名校长提供了一个专业发展的机会。在这里，有来自高校及北京教育学院的专业研究人员，有来自一线的专家型教育实践者，双方共同构成工作室的导师队伍。而这一期的学员和上一期又有所不同，每一位学员不但经历了区县推荐的环节，还必须来到工作室面向导师进行答辩。因此，这一期的学员并非荐者不拒，而是经过了认真筛选，筛选出了那些更为优秀、更具潜质的名校长。其中，第三工作室的校长是来自光明小学的廖文胜校长、来自府学胡同小学的马丁一校长、来自育翔小学的胡晓峰校长、来自翠微小学的许培军校长、来自樱花园实验学校的林辉校长①、来自丰台区第五小学的李磊校长、来自密云县第三小学的魏国民校长和来自平谷区第二小学的贾全旺校长，共八位成员。

之所以这样做，我理解是出于对"名"校长的认识与定位及其成长规

---

① 现任首都师范大学附属实验学校校长。

律的尊重。随着社会的发展，社会对教育的期望，尤其是对优质教育的期望越来越高，所以，校长负责制不仅仅是简单的管理要求，不仅仅是基本的安全、秩序之需，更主要的是对学校发展、教育引领的期许。这就需要校长成长为"双料人才"，既懂管理，更要懂教育；既是管理者，更是教育家。也唯有如此，学校的发展、地区的教育才能走向腾飞，实现跨越式发展。这应该成为对"名"校长的基本认识，即不在职务，不在历史，不在名气，而在于个人魅力，在于当前，在于思想，尤其是对教育的理解和思考。于是，这次工作室的学习和交流重在突出教育的本质，而非仅仅关注管理的特质，这从工作室的选题和后来的活动内容、活动方式中可窥一斑。同样，此次工作室成员的筛选也突出关注了其教育思想的雏形及其科学性、可行性，而非仅仅为了区域均衡或者学校的名气。

至于名校长的成长规律，我以为不囿于书本，不限于课题，名校长的成长必须扎根于广阔的真实的管理实践之中。所以，名校长工作室需要两支指导队伍：一为学者，重在纯粹的理性思考引领；二为优秀校长，重在鲜活的实践智慧启迪。这就是以季苹教授为代表的学者队伍和我的合作基础，也是基本分工。事实上也确实如此。当工作室选题确定之后，季苹教授就带领她的团队没日没夜地查找文献资料、研究成果，并总结提炼她们自己已有的思考，给出了一沓又一沓厚厚的学习材料，最后集结成为《理解自我：教育文明的基础》一书。这些不是我擅长的，却是工作推进的必要基础。而且，在每次的交流和讨论中，她们又不断地从理性的学者的角度，对充满创意的实践工作进行梳理、质疑，这既是对方向的把握，又是对鲜活经验的提升，从而提高其推广或迁移的可行性。而作为实践导师，我首先针对名校长工作室的定位分享了自己的感悟，即名校长工作室不是在做某项课题，所有的学习和交流不能围绕完成某项课题而开展，这样的设计过于狭隘，也违背了工作室成立的初衷。我认为，工作室可以以某项课题为抓手，但重点应放在推动各工作室成员所在学校的发展，并在这一发展过程中促进其个人成长，这才是工作室最有价值的追求。当然，这样做无疑会增加工作室选题的难度、工作室的工作量、工作室工作推进的复杂性和管理难度，但只有真正进行"因材施教"、"因需而学"，这样的学习效果才最好。大概就是因为有"以人为本"的共同理念做支撑，来自学者方的指导者季苹教授和来自实践方的指导者我，很快达成了共识，并按这个方向一步步向前推行。说实话，最初并非一帆风顺，毕竟选题不易，而且选好题后如何将题目与各自学校的发展之需结合起来，都需要好好动一番脑筋，这也是季苹教授和我贡献智慧、悉心指导的部分。为此，我们工作室一再增加互动研讨的次数，一再增加下校观摩的次数。细细数来，两年多时间里，导师与校长们彼此见面竟达到 83 次之多。这期间，季苹教授与她的学者团队更是频繁下校，高屋建瓴，具体指导，辛苦万分，而我自然也尽己所能、穷己之智，将自己对课题之理解、之新学与心得，结合每一所学校发展之需、发展特色，不断与大家分享。到今天看来，我自认为，不但我们选择并坚持的方向是正确的，而且我们这样一种"学术—经验"、"理论—实践"相互配合和佐证的工作模式是成功的，尤其看到八位成员满满的收获、丰硕的成果与逐步成长起来的名校长气质，虽有付出，却也更加欣慰。

这期工作室的选题"学生健康自我发展能力培养"，是季苹教授团队深入思考、精心选择的。一方面，诚如季苹教授在"前言"中所言，"学生自我发展"不仅仅是对"培养什么样的人，怎么培养人"问题的核心诠释，不仅仅是教育现实中的核心问题，更是我们日常教育工作的指向和服务目标。也就是说，"教是为了不教"不应该成为一句空话，其潜台词就是"有效能的教育应激发学生自我发展的动力"，变"要我成长"为"我要成长"。另一方面，以人为本也好，以学论教也好，评价督导也好，教育的目标归根结底要落在"学生发展"之上。所以，这样的选题不仅仅是对教育根本问题的映射，更加揭示了不同学校、不同发展之需的共同基础。再者，这个选题进一步的深入和精细化，如"培养什么样的自我发展能力"，"自我发展目标中具体还有什么样的指标以及如何操作或实现"，要回答这些问题，就迫使各位成员校长回过身来，首先解读自己学校学生的特点、教师的特点以及相应的教育发展环境与资源的特点，沉下心来"做自己的研究"。这样，也就自然而然地成就了各成员校长，使其最终各得其所、各有成长，且有百花齐放、各具特色的收获。在这个过程中，我也将自己多年教育教学和办学经验中对"人"字一撇（认知发展）和一捺（非认知发展）的理解，解读为学生发展之目标——思维发展和交往发展，一步步剖析开来，和工作室成员进行交流，在相互碰撞和启迪中不断完善与深化。

这期工作室的成果是丰硕的。大家拿到的这本厚厚的成果集子，粗粗翻看，确实各具特色。然而，如果你能沉下心来细细品读，一定能在其中看到不同话题中相同的那条线索：以学论教——对学生发展的关注；由外而内——对学生发展动力及内心需求的关注；可行性与可操作性——对学生培养目标或标准的细致刻画，而且不再仅仅停留在目标和口号上，一系列鲜活、可实现的教育措施跃然而出；多元性和系统性——对学生培养目标的序列设计和影响因素的关注。这也正是这个工作室的培养目标。每当看到这些蕴含在丰富成果背后的暗线，尤其对比初入工作室时这些成员校长们的表现，再看这些暗线背后他们各自的成长，我都非常开心。无论将来如何，我知道，他们超越了。真正的成长是不能简单以一本本物化的成果来涵盖的，真正的成长其实就是简简单单的思维方式、思维品质的提升，就是问题解决能力的提升。这才是能伴随人一辈子的、具有永续发展价值的成长。这大概也是做老师授人以"渔"的追求吧。

最后，我感谢这个工作室中和工作室外每一位和我一起工作的人。这里有我在工作室的合作伙伴——以季苹教授为代表的学者团队，和你们一起，我又扎扎实实地重温和学习了关于"自我"这一话题的许许多多的知识和成果；有工作室的成员校长们，你们每一次的提问对我都是一次智慧的启迪和碰撞，你们每一个大胆的创举和每一次努力的实践，都让我再次感受到教育者不竭的活力，激发我持续投身教育的激情；也感谢我身后和我一起工作的团队成员们，我们共同用智慧谱写出美丽的教育篇章，也促使我在这个更高的平台上和更多的人一起分享自己对教育的理解。总之，和大家一起，是我的荣幸！而这两年的共同学习与生活，于我，也是一次心灵的涤荡和历练。再次感谢各位！

李烈

2013 年 8 月 30 日

目　录

我们为什么再思考学生培养目标

季 苹 涂元玲

　　本书集结了北京市第二期中小学名校长工作室第三工作室八位校长对学校学生培养目标的思考。为什么要将这些思考集结出版？这些思考对于其他校长们具有怎样的借鉴意义？回应这些问题，需要将我们团队背后的思考以及这些思考呈现出怎样的效果做一个概要的介绍。

一、学生培养目标的重要性、制定依据和最终成果

　　学生培养目标是学校办学的总纲和灵魂。但在实际工作中，校长们对学生培养目标的实际重视程度远远不如应然的重视程度。这其中有很多原因，但从校长的角度看，归根结底主要有两个原因：一是主观重视不够，二是客观上缺少研究制定学生培养目标的思路。下面，我们就这两个方面进行阐释："重要性"对应的是第一个原因，"制定依据"和"最终成果"针对的则是第二个原因。

（一）学生培养目标的重要性

　　针对校长们的工作需要，这里从理论和实践两个角度说明学生培养目标的重要性。

1. 从理论的和系统的角度看重要性

按照马克斯·韦伯（Max Weber，1864—1920）的理论，如果将办学实践作为一种社会行动的话，学生培养目标就是其最核心的目的，学校的其他工作目标和手段都要紧紧围绕这个目的展开。也就是说，如果我们将学校发展作为一种总体的教育行动，将学校中各个方面的工作称为单位行动的话，只有以学生发展这个终极目标统率所有的单位行动，总体教育行动才可能是有机的，并最终是有效的。最关键的是，办学效益最终能落在学生身上。

在学校工作这个系统中，学生培养目标既是学校确定教师发展目标和学校发展目标的依据，也是进行校本课程设计和学校管理机构设计的基本根据，还是教师每天进行学生研究、诊断和指导的依据。因此，学生培养目标不仅要有，而且要具体到全校教师都能够认同、理解和实施的程度。

2. 从校长们在实践中对学生培养目标重视不够而产生的问题体会其重要性

首先，学生培养目标的重要性要求校长在制定学校发展规划时首先要研究学生培养目标。几年前，我们见到，大多数学校的发展规划中有明确的学校发展目标和教师发展目标，却往往没有明确的学生培养目标。这种情况近几年来有了很大的改观，这里就不再赘述了。

其次，有些学校有学生培养目标，但形同虚设，只存在于纸面上，没有落实到实践中，这和没有学生培养目标差不多。学生培养目标制定完成之后，如果将其作为文献放在办公室里或交给上级部门，是没有任何意义的，只能算是做了一件劳民伤财的事情。即使校长和干部、教师在思想上深刻理解内化了学生培养目标，但在实践上没有系统地实施，意义也不大。造成这种情况可能有三个方面的主要原因：一是校长在内心里只是将学生培养目标作为谈及或者汇报学校办学思想的一个内容，并没有真正认识到它的实质意义；二是学生培养目标过于概括或口号化，没有具体的内容，难以操作；三是学校没有真正将学生培养目标转化为各方面的工作，这个转化过程是非常艰难的，需要付出艰辛的努力。

落实学生培养目标的基本载体是学校的课程，因此，进行相应的课程设计和改造就是接下来的一项重要工作。此后，为了课程的实施，学校要在教师中展开相关问题的校本教研,在家长中展开培训和研讨,还要从资源配备和管理制度上进行相应的调整。只有系统配套,才能使学生培养目标得以实现。这些系统工作中每一项工作的开展过程都是对学生培养目标的再认识过程,也是对课程、对教师和家长、对学校各方面工作的再认识过程。

只有校长真正投入到这些工作中,才说明其对学生培养目标的研究是真正重视的,学生培养目标的研究工作才真正获得了意义。

最后,也是最重要的,学生培养目标的制定没有经过科学的研究过程,包括国家新形势下新要求的学习、本校学生实际发展需要的调研,以及教师和家长意见的征询等,这就最终导致学生培养目标缺乏针对性,没有充分体现时代精神,不能深入人心。

只有解决好以上问题,校长对学生培养目标的重视程度才是到位的。

不仅如此,有无明确的学生培养目标,在本质上规定着校长行为的性质。如果有,校长的行为就是一种领导行为;如果没有,则是一种管理行为,是一种表面有序而内在教育价值失控的管理行为。因此,校长一定要认真研究制定学校的学生培养目标。

(二) 学生培养目标的制定依据

第一个依据是国家和地方对学生培养目标的新要求。随着时代的变化,国家对人才的要求会发生变化。这种变化有社会要求的客观性一面,也有人们在认识上不断进步的一面。例如,在当下,《国家中长期教育改革和发展规划纲要 (2010—2020 年)》《北京市中长期教育改革和发展规划纲要 (2010—2020 年)》《北京市"十二五"时期教育改革和发展规划》就是校长在研究制定或修订学校学生培养目标时需要认真学习并作为依据的。《国家中长期教育改革和发展规划纲要 (2010—2020 年)》提出:"坚持以人为本、全面实施素质教育是教育改革发展的战略主题,是贯彻党的教育方针的时代要求,其核心是解决好培养什么人、怎样培养人的重大问题,重点是面向全体学生、促进学生全面发展,着力提高学生服务国家服务人民的社会责任感、勇于探索的创新精神和善于解决问题的实践能力。"围绕这个战略主题,校长们就应该将学生培养目标及其实施作为工作中的重要内容。

我们可以将国家和地方政府的要求作为制定学生培养目标的"政策依据"或者"政治依据"。

第二个依据是关于学生发展的理论。由于教育是一种政府行为，党的教育方针是从培养未来的建设者和接班人的角度考虑的，因此，研究制定学生培养目标一定要以党的教育方针为依据，这是毫无疑问的。然而，教育又是一门科学，教育行为要有专业的理论依据。关于学生发展的理论就是研究制定学生培养目标的重要依据，可以称其为"理论依据"或"专业依据"。本书提到的"健康自我"就是这样的依据。

第三个依据是学校已有的学生培养目标。不同的学校有不同的地理历史条件，这些不同的条件决定了不同学校学生的发展需要会有所不同。因此，学校需要研究校本的学生培养目标，并且随着学校的发展，各所学校会形成自己独特的历史和学生培养目标。学校必须在继承中发展，学生培养目标的制定同样如此。继承是发展的基础，不认真继承，不仅会丧失学校最为宝贵的精神财富，还会不断遭遇"反作用力"。另外，不认真继承，校长的领导力会受到影响。但是，学生培养目标制定之后并不意味着可以一成不变，而是要随着时代的变化和国家要求的变化以及学校自身的变化不断进行修订。我们可以称学校已有的学生培养目标为"校本历史依据"。

第四个依据是学生发展需要的调研。学校的学生是当下的、具体的，学生培养目标的制定是为"这些"学生服务的，因此，我们需要具体地了解当下这些学生的发展需要。为此，我们需要进行认真的调研，比较全面地了解学生在各方面存在的需要。这个依据可以简称为"校本学生依据"。

第五个依据是学校发展中的优势资源。将学校优势资源作为依据主要是考虑相关目标设定的（实现的）可能性。如果我们认为从现实条件来看，目标难以实现，我们可以从长计议，考虑目标实现的阶段安排并积极寻找资源积累优势，创造实现的条件。这个依据我们可以称其为"校本条件依据"。

制定学生培养目标需要在各种依据之间"来回看"，找到各种依据之间的一致性，这样才能制定出内在一致的学生培养目标。

制定学生培养目标的过程是校长、干部和教师共同学习的过程、调研的过程、自我诊断的过程、讨论的过程，也是共同发展的过程。这是一个自上而下又自下而上的不断讨论、实践、再讨论、再实践的过程。这个过程需要校长和干部不断宣讲、不断调研、不断思考、不断学习，付出艰辛的劳动。

（三）学生培养目标制定的最终成果

首先，最终成果是由一些代表学生培养目标的关键词组成的一句完整的话或其他完整的表达方式。例如，光明小学以"我能行·光明"作为学生培养目标的一种表达，其中内涵着"我"、"能"、"行"、"美德"、"健康"、"智慧"、"充满希望"等关键词。

其次，是对这个表达中的每一个词都要进行内涵解释。例如，平谷二小对"有梦想"做了具体的解释："有梦想，指有理想、愿望和目标。梦想可以是职业理想——长大我要做什么，也可以是人生理想——我要成为什么样的人；可以是希望我自己将来达到什么目的，也可以是希望我能帮助他人、团体实现什么愿望；可以是短期目标、具体目标，也可以是长期目标、宏观目标。有梦想的孩子应表现为：有自己的榜样或者目标；会为了自己的梦想安排自己的时间，有自我规划。"

再次，学生培养目标的各个具体目标之间是内在关联的、成系统的，而不是分散的。例如，丰台五小对为何将原来的"四自"改为"五自"做了这样的解释：在 2009 年初，我校基于学校文化传承和学生身上所具备的这些特征，提炼出了反映我校学生特点的四个"自"，即自主、自信、自强、自豪，后来我们又意识到，体现学生外显行为的不仅只有这四个"自"，在学生成长过程中的"自我约束"和"自我管理"也很重要，实际上这就是"自律"，而"自律"又是我校 2004 年以来一直开展的"'22 天养成好习惯'学生养成教育课题"所要求的，因此，我们将四个"自"丰富为"五自"。

又次，学生培养目标既要有分析的成分性目标，又要有综合的行动性目标。《两种目标：综合行动性目标和分析成分性目标》一文[①]提出，学校

① 此文发表于《中小学管理》2012 年第 11 期，作者季苹。

的学生培养目标有两类：一类是分析成分性目标，一般的知识、技能、情感态度与价值观目标都是属于这一类目标。这些目标是人在行为中表现出来的关键素质，不能独立存在，需要在行为中体现，如"勤奋"、"智慧"等。另一类是综合行动性目标，也就是行动目标。由于任何一个行动对人的要求都是综合的，与"分析"相对应，冠以"综合"，"踢球"、"做衣服"都是属于这一类目标。只有内在一致地同时设立这两类目标，目标才可能既有灵魂又可操作。但是，大多数学校制定的学生培养目标都是分析成分性目标，由于其概括抽象且缺乏行动目标的设计，往往只能停留在纸面上。因此，我们提出，学生培养目标既要有分析成分性目标又要有综合行动性目标。密云三小的学生培养目标就明确设计了这两类目标，翠微小学的学生培养目标也认真考虑了学生培养目标的操作实施问题。

最后，小学六年是基础教育阶段时间最长的学段，因此，要对学生培养目标进行学段设计。只有进行了学段设计，目标才会具有学段的针对性，才好操作。光明小学围绕学生培养目标初步设计了低、中、高三个学段的目标。

最终成果的要求看似很多，实际上就是体现一个想法：目标必须是明确的，不仅要有词，更要有概念，还要有操作性界定。只有如此明确的目标，才可能在实践中落实。

二、将健康自我与学生培养目标联系起来研究的出发点

北京市第二期名校长工作室以主题研究为主要工作方式，主要的想法是，名校长要"名"在对教育重要问题的敏锐把握、系统思考和实践创新上。第三工作室的工作主题是"学生健康自我发展能力培养的研究"。关于自我和健康自我的重要性，我们在《理解自我：教育文明的基础》一书中做了详细的分析和解释，不再赘述。在此要特别说明的是，为什么将健康自我与学校的学生培养目标联系起来研究。

（一）任何主题研究都要与校长的整体办学思想联系起来，而学生培养目标是整体办学思想的核心

李烈校长是第三工作室的特聘导师。她强调，校长到名校长工作室不

是单纯来做课题的，课题研究要为校长服务，要为校长发展自己的办学思想服务。这成了第三工作室工作的重要指导思想。

为此，第三工作室的成员曾多次到每所学校和校长们一起讨论办学思想和实践，但是，任何一所学校的办学思想和实践都非常丰富，怎么将健康自我与之结合呢？鉴于以上对学生培养目标的重要性的认识，我们选择将学生培养目标作为办学思想和实践的核心与健康自我结合。

那么，健康自我与学生培养目标是否具有结合的合理性？又如何结合呢？前面在分析学校学生培养目标的制定依据时我们提到，教育是一门科学，教育行为要有专业的理论依据，关于学生发展的理论就是研究制定学生培养目标的重要依据，可以称其为"理论依据"或"专业依据"。关于自我的理论就是关于人的理论，是有关人的心理发展的理论，是让我们对人能够有精细化理解的理论，是教育的重要基础，而"健康自我"是我们研究自我的目的，是在研究自我的基础上形成的进一步的看法，因此，将"健康自我"作为学生培养目标制定的专业依据是合理的。

根据以上认识，第三工作室的校长们都在认真学习和理解健康自我的基础上重新思考和发展了各自学校的学生培养目标。校长们的文章就是他们辛勤学习和思考的结果。

（二）根据学生的内心需要制定学生培养目标才能落实"以人为本"

党的十七大报告明确了"以人为本"在中国共产党的领导科学理论中的核心地位："科学发展观，第一要义是发展，核心是以人为本，基本要求是全面协调可持续，根本方法是统筹兼顾。"

由于其核心地位，"以人为本"思想应该成为贯穿所有工作的最重要的指导思想，教育更不例外。但是，如何在学校教育中实现"以人为本"？

1. "以人为本"的实现仅凭情感和经验是不够的，还需要理性思考和理性设计

大多数校长主要是凭着自己对学生、对教师的爱心，凭着自己对人性的丰富理解来体现和贯彻"以人为本"的，这非常重要，但这还不够。在当今教育如此关注考试、关注外在要求的现实状况下，仅仅凭着自己的感情和经验工作，而没有更加坚定的理性思考以及理性的课程和制度设计，我们很难真正实现"以人为本"。

2. "以人为本"应该成为制定学生培养目标的最重要的指导思想

从校长们对学校学生培养目标的发展过程所做的梳理中可以发现，指导校长们制定学校办学思想以及学生培养目标的思想有很多，如党的教育方针和政策，通过学习获得的各种理论，前几年学校文化建设热潮中提出的文化立校的思想等。在这众多的指导思想中，校长们需要弄清楚哪个是最重要的指导思想，否则思想就会乱。我们认为，"以人为本"应该成为制定学生培养目标的最重要的指导思想。

党的教育方针和政策是针对教育提出的，也是在党的总的指导思想下不断发展的。更为重要的是，党的教育方针重视学生在德智体各方面都得到全面发展，是由于党在制定教育方针时继承了马克思主义关于人的全面发展的思想成果，充分体现了党和政府对人的关怀，与马克思的全面发展理论所针对、批判的人的片面发展形成了鲜明对比。这种尊重人、发展人的思想在本质上就是"以人为本"的思想。

校长们通过学习获得的各种理论，如生命教育的理论、联合国教科文组织提出的"学会做人、学会做事、学会学习和学会与他人共同生活"等，在本质上都是"以人为本"思想的具体体现。只有真正理解了以人为本，才能把握住这些理论的灵魂。

21 世纪初，随着学校文化建设热潮的来临，"文化立校"成了学校办学的重要思想，也成了一些学校制定学生培养目标的重要依据。例如，府学胡同小学提出了"爱国、向善、崇礼、尚学"的学生培养目标，翠微小学提出了"明德笃行的阳光少年"的培养目标。毫无疑问，传承文化是教育的使命，文化必然是制定学生培养目标的一个依据，但仅仅从文化的角度制定学生培养目标是不够的，我们还需要对学生的内心世界尤其是内心需要给予关注。否则，教育就成了单向度的了。

3. 关注学生的需要才能真正落实和实现"以人为本"

十七大报告不仅在理论上界定了"以人为本"的核心地位和内容，还专门用一个部分论述民生问题，题目是"加快推进以改善民生为重点的社会建设"。其核心思想是："社会建设与人民幸福安康息息相关。必须在经济发展的基础上，更加注重社会建设，着力保障和改善民生，推进社会体制改革，扩大公共服务，完善社会管理，促进社会公平正义，努力使全体人民学有所教、劳有所得、病有所医、老有所养、住有所居，推动建设和谐社会。"

从这一部分内容看，"改善民生"是落实"以人为本"的一项重要内容，具体来说，"民生"与人民的"幸福安康"息息相关，只有民生问题解决了，人民才能安康幸福。民生问题即"学有所教、劳有所得、病有所医、老有所养、住有所居"，都是老百姓的基本生存和发展的问题，是人的基本需要，因而可以说，"民生"关注的是人的需要。

相应地，"以人为本"的教育就要实实在在关注学生的需要。

4. "自我"帮助我们具体地理解人的需要，为"以人为本"的实现提供了起点和路径

"自我"是心理学的一个专业术语。在这个概念之下，凝聚了许多心理学家的探索，蕴含着对人的具体而生动的理解。自我的核心是需要。需要是人的发展的内在推动力和方向。人从出生开始都有哪些最基本、最核心的需要？在小学阶段，小学生最需要发展的是什么？我们只有认认真真地思考了这些问题，并以这样踏实的思考为基础制定学生培养目标，才是真正对学生发展负责。因此，在本书中，所有校长都尽力将对自我的理解融入学生培养目标中，这是一个重要的转变。

以往在学校工作中，由于知识学习的起点和路径很清楚，常常会导致知识学习成为学校工作的全部。现在，健康自我以及身体自我、生活自我、关系自我、学业自我、社会自我几个领域为课堂生活、班级生活、学校生活和社会实践生活提供了起点和路径，就能够在根本上避免目的与过程不一致的情况，为学生的全面发展提供了理论、内容和方法的支撑。

三、校长们的文章体现出他们对学生培养目标的思考更为理性、更为具体

本书集结的文章是校长们关于学生培养目标思考的结果。总体来说，体现出"更为理性"和"更为具体"的特征。所谓"更为"，一是与校长们参与名校长工作室之前的思考相比较而言，二是与当下其他校长的思考

相比较而言。

（一）更为理性

本书的主题是学生培养目标，关于这一主题，书中校长们的思考更为理性。可以从比较的角度来分析。在当前，很多校长没有有意识地认真思考自己学校的学生培养目标，存在不少盲目或缺乏理性的情况。实际上，在我们去过的中小学中，几乎所有学校都有自己的学生培养目标，但是要追问校长为什么这样表述学校当下的学生培养目标，或其学生培养目标的具体内涵是什么，有不少校长难以回答，甚至有校长明确表示没有思考过。作为一校之长的校长都是这样，足可以想象学校其他领导与教职员工关于该校学生培养目标的理解了。那么，这所学校的学生培养目标从哪儿来的呢？细问下去，可以发现，有的是根据国家当前有关政策和教育改革动向提出的，如"创新人才"、"国际化人才"等；有的是借鉴某一优质学校的，即看某一优质学校选择了什么学生培养目标，也同样使用该学生培养目标；有的是根据某一教育专家的观点提出的。显然，根据健康自我的有关理论，上述几种情况都没有考虑本校学生实际。如果考虑到本校学生的具体情况，就会发现：国家的政策太宏大了，需要和学校的实际情况相结合；优质学校的学生培养目标是针对优质学校学生而言的，对本校学生缺乏针对性；教育专家的观点是抽象概括的，需要根据本校学生的具体需要赋予其内涵，例如同是生命教育，由于不同学校学生的具体情况不同，生命教育的内涵就会有所不同。

本书中的校长们在参加名校长工作室之前也或多或少存在上述问题，但是，在名校长工作室的研究活动中，校长们的思考日趋理性，其中一个重要体现是，各位校长均是在深入把握健康自我有关理论的基础上，基于本校学生的具体情况以及本校其他方面的具体情况，来思考自己学校学生培养目标的。不仅如此，校长们制定学生培养目标的过程还经历了健康自我理论与党的教育方针、学校已有培养目标、学生调研、学校发展优势等之间关系的思考，也就是五个依据之间的关系的思考。例如，光明小学的"光明·我能行，我能行·光明"中提出的学生培养目标是在对"光明教育长河之源头，光明教育大树之根系"的"我能行"的认真继承和发展的基础上提出的；密云三小则对健康自我与国家教育方针之间的关系做了深入的思考；平谷二小根据对学生发展需要的研究，使原来生命教育的理念具有了以具体的学生培养目标为核心的丰富的校本内涵。

有了这样的理性思考，校长们提出的学生培养目标就变得实在可靠了。例如，平谷二小贾全旺校长提出的"有梦想、爱干净"等学生培养目标，能够让人实实在在地感受到一所服务于进城务工人员子女的学校的生命气息。光明小学廖文胜校长在对"我"、"能"、"行"的进一步理解，对"童心生活"的思考和对三个校区学生的不同情况的分析基础上，提出的"品德、健康、智慧、充满希望"的学生培养目标有了更加具体系统的内涵。丰台五小李磊校长反思，"通过学习研究我们认识到，当初我们对学生培养目标五个'自'的思考是简单而朴素的，感性的成分更多一些。当初的'五自'作为学生培养目标更多的是关注了学生外显的行为，而忽视了学生内在自我发展的动力；更多关注了我们教育者对学生的外在要求，而缺乏对学生内心需要的真正关照"。有了这样的反思，"五自"学生培养目标离学生就更近了。府学胡同小学的"崇礼"的"礼"从原来的重在行为规范到了现在强调"内仁外礼"，核心是"己所不欲勿施于人"和"己欲立而立人"，开始理性地关照学生的内心需要，也是离学生更近了。翠微小学育人目标由"明德笃行的阳光少年"发展为"明德笃行，自觉自为的阳光少年"，同样也是离学生更近了。

教育的理性归根结底是对学生发展的思考是否理性，是对学生培养目标的思考是否理性，归根结底是能否真正走进学生的内心世界，为他们的健康发展而努力。

（二）更为具体

学生培养目标提出后，如果只是停留于字面，就没有什么实践意义。校长的工作是一项实践性工作，只有把学生培养目标落实到教育实践工作中，才能真正发挥其价值。但是，如何将其落实到教育实践工作中呢？一个重要基础即把学生培养目标具体化。教育实践工作是由一天天的具体工作构成的，因此，要把学生培养目标落实到实践中，就要把学生培养目标具体化，让全校师生明确究竟要做什么样的具体工作才能落实学生培养目标。相比较而言，本书中校长们在提出学生培养目标之后，还做了把学生培养目标加以具体化的工作。例如，丰台五小的李磊校长提出"五自"学生培养目标之后，对该目标的各个方面进行了具体的分析，并且详细阐述了具体的实施路径；密云三小的魏国民校长就其学校学生培养目标"健体、尚学、乐群、爱国"的成分内涵和行动内涵进行了具体阐述；翠微小学许培军校长对"明德笃行，自觉自为的阳光少年"的内涵和操作性设计进行了细致的分析；育翔小学的胡晓峰校长以健康自我为依据构建了育心教育的学生培养目标"五心"，并对"五心"的每个方面进行了深入具体的分析；樱花园实验学校林辉校长对生命成长教育的途径做了全面的思考和安排，甚至有了非常清晰的制度设计；光明小学廖文胜校长系统设计了十二个子课题，将学生培养目标全面落实到学校工作的方方面面，并针对三个不同校区提出了不同的方案。有了上述具体化的工作，学生培养目标在实践中才能具有可操作性，才能让学校教职员工容易理解并落实在日常教育教学工作中。

在校长工作中，理性和具体两个方面是相辅相成的。理性就会带来实在、带来具体，具体是理性的一个体现；同时，只有具体才能理性，"没有调查就没有发言权"，人的工作停留在抽象上而不具体是做不到位的，是不可能科学、不可能可行的。要做到这两点，校长们一方面要深入研讨健康自我的有关理论，另一方面要具体分析自己学校的实际情况，同时还要在两者之间"来回看"。为此，第三工作室的校长们和他们所领导的团队付出了艰辛的劳动。

本书是北京市第二期中小学名校长工作室第三工作室校长们文章的集结（文章按校长姓氏笔画排序），但不是一般的集结，从这些文章对学生培养目标的论述中，能够看到校长们对健康自我及其与教育的关系、学生培养目标的重要性和制定依据、课题研究与学校办学思想的关系、学校工作的系统性等重要问题的思考，能够看到校长们对"以人为本"更加深入的理解和对学生、教师的更加理性的爱。因此，它是有主题、有共识的集结。这也正是将其出版的原因，希望能够与同行们分享这些思考。

在"文化"与"人"
之间思考"崇礼"

府学胡同小学　马丁一

府学胡同小学（以下简称"府学"或"府学小学"）有 600 多年的历史，有丰厚的传统文化资源；同时，又一直受到政府的关注，走在现代化的前沿。走进府学，看到的建筑是古老的，用到的设备是现代的。府学的干部和教师有着改革创新的愿望，又有着传统文化的情怀。这种情怀具体体现在学校的学生培养目标中，尤其是"崇礼"这一目标上。

　　无论是学校的传统文化，还是现代设施，归根结底要为人的发展服务，为学生的发展服务。对于教育工作者而言，对学生发展的关怀是至高无上的责任。无论是现代设施，还是传统文化，只有服务于学生发展，为促进学生的健康成长服务，才有意义，才有生命力。否则，在校园里，传统文化与学生或者是"各自为政"，或者是学生对传统文化只有表面的崇拜。

　　府学校园的古建筑是不变的，但校园中的学生在不断更替。随着时代的变化，学生的成长需求也在发生变化。600 多年的学校历史如何与6 岁多的小学生的生命成长对接，是府学人需要思考的历史性的现实问题。

一、从文化出发的"崇礼"

经过多年的探索、实践和完善，府学小学的学生培养目标——"爱国、向善、崇礼、尚学"，在全体干部、教师和学生中已深深扎根。这一目标既继承传统又有所发展，并且每个词语都被赋予了丰富的文化内涵。

（一）学生培养目标是一种身份认同

"我爱府学，府学爱我，府学给我梦想起飞的欢乐。古老与现代，心手相握，国风美丽了祖国花朵。爱国、向善、崇礼、尚学，千百年的故事辉煌唱新歌。"府学的学子们正是唱着这首校歌度过了他们生命中最美好的时光。

身份认同是一个人在社会生活中的角色归属。学生培养目标就是学校引领学生进行身份认同的最重要的方式。"爱国、向善、崇礼、尚学"的学生培养目标，体现了百年学府厚重的历史文化，也体现了学校对学生们做"博学于文，约之以礼"的府学学子的殷切期望！我们把这种身份认同的现实性，看作是学生自我发展与民族、国家、社会相联系的纽带，而学校教育就是这个纽带中的关键一环。如果说这种身份认同最初是建立在情感基础上的，那么，我们要通过教育将学生的这种自我身份认同发展到以自愿和积极为特征。

（二）"崇礼"在培养目标中的地位

在府学以自我身份认同为特征的学生培养目标中，"爱国、向善"是内隐性目标；"崇礼、尚学"是外显性目标。我们清楚地知道，在教育领域，情感态度和价值观这个维度是最不容易评价的。在这个维度上，"爱国、向善"更具内隐性；而"崇礼、尚学"则具有一定的外显性。在实际操做的层面，我们通过"博学于文"的学府传统课程（学科课程）落实"尚学"之目标；通过"约之以礼"的府学礼乐课程（德育课程）落实"崇礼"之目标。我们追求通过"博学于文——尚学、约之以礼——崇礼"实现内隐性目标"爱国、向善"。

我们将"崇礼"目标作为核心，因为"礼"要体现在人的行为举止上。而"爱国"、"向善"、"尚学"在行为上也都要体现"礼"，即爱国之礼、向善之礼、尚学之礼。"礼"是学生培养目标落实的途径。"爱国"的核心是责任与忠诚，爱国之礼是忠诚之礼；"向善"就是仁，仁者爱人，向善之礼就是仁爱之礼；"尚学"的核心是谦虚和崇尚真理，尚学之礼就是谦虚之礼、真理面前人人平等的明辨之礼。

博文而约礼。中华礼仪文化与传统美德源远流长，历久弥新，培育了一代又一代中国人文明有礼的内在品质。我们要通过"崇礼"教育涵养学生的心智，即"养心"，也就是对学生内心的滋养和引领。我们期望能够在学生心中播下文明礼仪的种子，在时光的熏染和温暖中，使其发芽、长叶、开花、结果，奠基学生一生的健康发展与快乐幸福。

（三）以往对"崇礼"的理解

任何一个目标的设定，都需要反思设立的依据，尤其是设立的立场。只有经历了这样的反思，目标设定才是理性的，采取的方法和策略才可能是科学的。将"崇礼"设定为核心目标，我们有如下的思考。

1. "崇礼"是为了传承中国文化的核心

从历史发展来看，六百年来府学将礼乐教化一以贯之。大兴县学时期，学校设礼、乐、射、书、数五门学科；顺天府高等小学堂时期，学校设修身、读经讲经、中国文学、算术、格致等九门课程。如今，府学小学已经走过了六个世纪，秉承孔孟之精华，将忠恕做人、诚敬任事之道，博学于文、约之以礼之法传授给一代又一代学子，将关注成长的教育使命一以贯之。

之所以将"崇礼"设定为育人目标的核心，是因为"礼"是中国传统文化的核心。"要了解中国文化，必须站到更高来看到中国之心。中国的核心思想就是'礼'。"①

通观古代典籍，可以发现儒家对"礼"概念的论述因语境而有不同层次：①礼是人类自别于禽兽的标志；②礼是文明与野蛮的区别；③礼是自然法则在人类社会的体现；④礼是统治秩序；⑤礼是国家典制；⑥礼是社会一切活动的准则；⑦礼是人际交往的方式。（彭林，2004）[3-7] 已故著名礼学家钱玄先生说，礼的"范围之广，与今日'文化'之概念相比，或有过之而无不及"。（钱玄，1990）因此，没有人可以用"一言以蔽之"的方法给"礼"下定义。

综上所述，中国的"礼"，"实际上是儒家文化体系的总称，是中国传统文化的核心"。（彭林，2004）[8]我们用《礼记》中的话来概括就是，"夫礼者所以定亲疏，决嫌疑，别同异，明是非也"；"道德仁义，非礼不成"，"行修言道，礼之质也"。（王梦鸥，2011）

2. 府学"五礼"重在行为规范

"三礼"代表了中国古代的礼仪文明。我们对"三礼"即《周礼》《仪礼》和《礼记》进行了研读。"礼仪三百，威仪三千"（《中庸》），为了研究的方便，需要提纲挈领，对纷繁的礼仪进行分类。《尚书·尧典》说尧东巡，到达岱宗时，曾"修五礼"。我们在这里也以"五礼"——学生人际交往的五大领域（家庭、学校、社区、国家、世界）的世俗生活规范——为纲，帮助学生辨别和应对不同的人际交往环境、关系和需要，实现"家庭成员、学校学生、社区公民、中国公民、世界公民"的培养目标。

① 家庭成员。利用家校沟通平台，帮助学生把握家庭角色。

② 学校学生。利用学校生活中的同伴交往、师生交往，学习生活及

---

①此为著名史学大师钱穆于1983年7月向美国学者邓尔麟谈及中国文化的特点以及中西文化的区别时，对邓氏说的话。

其他各种活动中的交往，使学生产生积极的情感体验（归属、爱、尊重等），逐步建立适合自己的学校生活人际结构。

③ 社区公民。利用社区资源平台，拟订社区志愿服务计划，密切学校教育与社会公民生活、公民参与的关系。通过社区服务，帮助学生了解家庭、学校以外的各行各业的人；通过担任志愿者，理解与"子女"、"学生"、"伙伴"不同的交往关系和需要。

④ 中国公民。利用国家文化遗产资源，让学生感受传统礼文化与现代文明的关系，了解祖国的历史和多民族文化，为自己是一个中国公民而自豪，做文明有礼的中国公民。

⑤ 世界公民。利用学校的涉外交流平台，让学生理解作为中国公民对世界所承担的责任，做善于沟通的世界公民。

"人怎样生活，就会成为怎样的人。人是由自己的生活实践铸成的"，"教育是基于生命的事业"。（叶澜 等，2000）[141] 这样的观念只有落实到教师的教育教学行为中，学校的教育实践才能充满活力与生机。

二、从自我的视角重新理解"崇礼"

从文化层面提出的"崇礼"还需要从"人"的视角重新加以理解。从宏观层面来说，一所学校的学生培养目标将随着时代的变化、学生的变化而变化；从微观层面来说，学校的学生发展目标也会随着教育者的立场以及视角的变化而变化。

（一）文化立校与人本立校

学校文化建设是一个传承与创新的过程。只有对学校文化进行传承，并融进与时俱进的新文化，才能形成积淀厚重、特色鲜明的学校文化体系，从而进一步提升学校的文化品位。

传承文化是确定学生培养目标的一个重要依据，"以生为本"则是确定学生培养目标的另一个重要依据。"文化立校"、"人本立校"二者缺一不可。

谈到"以生为本"，就不能不先谈"以人为本"。"以人为本"是科学发展观的核心。我们在强调"文化立校"的同时必须坚持"以人为本"、"人本立校"。这里所说的"人"就是"学生"，这里所说的"本"就是学生的健康成长。我们要遵循学生的自然发展规律，促进学生自我生长能力的发展，充分尊重学生，从而回答"立校"为谁这一方向性问题。

对"以生为本"的教育理念的具体深入的理解，令我们作为教育者更加关注对孩子的尊重，关注每个学生天赋秉性的不同，关注每个学生的健康、适应、自由和幸福，关注每个学生自我的健康发展。

我们坚持"人本立校"，弘扬和传承府学不息的人文精神，为学生营造一个宽松、愉快、开放的生活和学习环境，让他们能够有个性、有尊严、自主自觉地持续发展，让每个学生都焕发出生命的光彩与活力。

我们明确了学校办学遵循一个理念——"人本·文化"，就是把人的发展放在第一位，为学生的可持续发展奠基，使学生在学习、做事、为人、共事等方面受到培养，为他们一生健康、快乐的生活和工作打好基础。

注重现代教育理念与学校文化传统的融合，传承"礼乐教化"的厚重积淀，体现"以人为本"的时代特点，将成为600年府学可持续发展的根本动力。

（二）自我的视角就是具体的人的视角

要将"以人为本"的教育思想变成现实，首先需要将理念的内涵清晰化，首当其冲的是怎么理解人。心理学家们通过"自体"、"自我"这些概念赋予了人以具体化的内涵。我们需要理解，人的内心世界的核心是什么？内心世界是怎样活动的？为什么每个人的内心世界既有不同之处，又会有很多的相同之处？

不仅如此，我们还要了解，从人一生的发展来看，小学生最重要的发展任务是什么。因为，"以人为本"重在为学生今后的发展奠定坚实的基础。心理学告诉我们，自我的完满发展是生物性和社会性的充分和谐发展，是自在自我和自觉自我的充分和谐发展。

自我的核心是需要。饥食渴饮是需要，想听想看是需要，理想是需要，这些都需要得到尊重。正如人的身体有极其复杂而精致的各种器官，人的内心世界也逐渐形成了极其复杂而精致的反应装备，而自我的装备是满足需要，尤其是协调生物性和社会性需要的丰富而生动的机制。这些机制不完全能在知识学习中掌握，大量的要在学生的生活实践中获得。学校是育人的地方，教育要以人为本，以学生发展为本，就要面向全体学生，促进每一个学生的全面发展和个性发展，尽可能地满足学生发展的多样性需要。

因此，我们认为，"以人为本"首先要尊重学生的"需要"。以前很少有人从"人的需要"的角度对"以人为本"进行探究。我们觉得，缺少了这个维度，"以人为本"就失去了根基。"人的需要"是"以人为本"的立论之基。要将"以人为本"的教育落到实处，就必须通过各种教育教学实践活动满足学生发展的各项需要，在尊重学生的"需要"的基础上，培养其基本素养，为孩子未来的幸福生活奠基。

科学发展观把人作为目标，关注人的发展愿望和多样性的需求，也给我们一个新的视角，对教育和人的关系进行再审视，使教育不仅能够应然地回归于人，更使教育能够实然地真正归属于人。

（三）在健康自我中寻找"崇礼"与学生的结合点

新时期的教育必须体现人文关怀，关注人的价值、权益和自由，尊重人的地位，促进人的全面发展。"人"是教育的出发点，也是归宿。心理学中，自体就相当于"人"的概念，而自我是自体的灵魂，健康自我相当于健康的人。因此，我们在自体和自我的各种研究成果中去细致地理解人、理解学生，并带着我们的问题，去发现"崇礼"与学生的结合点。

首先，我们关注到，由于具有共生性的特点，人从一出生就有社会性的需要。依据乔治·米德的说法，态度结构是自我的核心。他所说的态度结构与社会组织的态度结构一致，是将社会态度个体化。我们提出"崇礼"目标，旨在使学生养成良好的日常生活习惯，具备基本的文明礼仪规范，并以此启发孩子善之本性。因为，小时候把德行的根基扎下去，就会影响他的一生，由此实现人的社会性价值。

但米德的自我是按社会态度做事的个体，其中没有自我的需要，也就是说忽视了个体的权益和自由。而我们期望的"崇礼"的自我，不是在生活舞台上按规定程序表演出种种言行的玩偶，只会遵从"礼仪"要求做出机械反应，而是把这种外在的人格品质还原为真实自我的内在特征，也就是将"崇礼"作为自我的一种价值追求和身份认同，从而达到"随心所欲不逾矩"的境界。

那么，"礼"能否承担这一教育功能呢？我们想到了"戒、定、慧"这三个字。"戒"是规矩，"定"是不浮躁，"慧"是处理事情的能力。因"戒"而能"定"。用什么"戒"好呢？要"崇礼"。学礼，才有分寸，心才不散乱、不放纵。教育的目标是要开启智慧，但要先从礼"戒"开始，进而心"定"，最后"慧"开，成为一个自由而自觉的、"随心所欲不逾矩"的人，从而实现马斯洛最高层次的需要——自我实现的需要。

"健康自我"理论告诉我们，人有着丰富的需要。因为每一个人都有构建和谐人际关系的需要，所以通过"礼文化"教育是可以满足学生社会自我发展需要的。只有帮助学生把外在要求与内在需要结合起来，我们的教育才能真正触动学生，因为健康的人具有由内而外的自发性和创造性，而不是简单的顺从甚至被迫。这是我们找到的心理学依据。

（四）没有关注学生的内心需要是以往"崇礼"教育存在的根本问题

我国古代"礼仪"对于儿童日常生活中的言谈举止、待人接物、饮食起居等都有具体的规范和要求。但孩子们是在生活中学习这些"礼仪"的。那时候的孩子，大都生活在大家庭里面，必须学习应对进退的礼节，他们天天在生活化的场景中学习人际关系的建立，知礼、守礼是日常生活的需要。而今天的"崇礼"教育在实践中会遇到很多问题，首先就是自我的需要问题。

大家都会认同，"礼"作为一种社会秩序、社会活动准则、人际交往方式，是必要的。这是在以往我们更多关注的，也就是"礼"对社会需要的满足，也就是以整个社会为单位，而非以个人为单位提出的需要的满足，或者说是大家的需要，而不是哪一个人的需要，因而它具有一定的强制性，不能依照个人的意愿行事。

因此，如果现在的学生没有悟透礼仪所要传递的信息，没有认识到礼仪在日常生活中的重要意义，传统教育"小学"阶段那些"洒扫应对进退之节，礼乐射御书数之文"，很有可能会变成"行之如仪"地学个样子、走个形式。

我们认为，礼仪并不等同于客套，或仅流于表面的特定行为。礼仪是内心丰富情感的外在诠释，先有情意在心，才能通过生活的细节将礼仪恰当地表现出来。谈到礼仪知识和程式，这在过去都是尽人皆知的常识，不是什么高深的学问。现在，只要在日常生活或实践活动中加以体验和践行，就可以掌握，问题的关键是内心的"需要"。

需要是自我的核心。婴儿出生的时候，就同时具有两个方面的需要：生物性的需要和社会性的需要。饿了要吃，困了要睡是生物性的需要；对母亲和父亲的依恋是社会性的需要。孩子很小就有了探索世界，满足自己听、看、闻、运动等本能性兴趣的需要，这些兴趣是他们与生俱来的天赋的标志。同时，他们还有对老师、同伴的依恋之情。这些兴趣和依恋之情是孩子们伟大理想和心灵的种子，是其自我发展的动力，也使"礼"转变为学生的现实需要成为可能。

发展学生的健康自我是时代的呼唤。健康自我与学生获得幸福的能力息息相关。健康自我的研究是实践和理论的探索，我们将从爱到礼，由己推人，传承中华传统礼文化；我们将依托"崇礼"教育，培养学生健康自我发展的能力。《管子》说："仓廪实而知礼仪，衣食足而知荣辱。"在物质生活日益富足的今天，提高"礼"文化修养，是其时矣。

（五）还原"礼"的人性基础直至"需要"

"崇礼"教育虽是其时，更重要的还要得其法，其关键就是使"礼"成为学生自我发展的现实需要。为此，首先要"还原"，即还原事物的本质，还原事物最初的起因，这是一种实事求是的态度。不仅要还原，还要还原得彻底，一定要还原到尽头。还原"礼"的人性基础，直至自我的核心——需要。

1. 内仁外礼

中国传统文化中"人性论"的内容其实极其丰富，是其他思想的基础。从周人的"德"到孔子的"仁"，表明了人对自身力量的进一步觉醒。"仁"的观念的产生意味着人通过自身的道德力量可以获得一个安身立命的归宿，从而也意味着通过"仁"，人能够从高深莫测的天命笼罩下摆脱出来，可以自作主张，靠自身所享有的道德能力而达于生命的佳境。

在对"仁"这一体系的构建中，孔子对传统的"礼"进行了彻底的人性化改造。尽管"仁"早已作为一种人际关系之中的美德而存在，但孔子首先赋予了其超越性价值，使之焕发出人文主义的光彩，这表现在他对人的生命价值的尊重和对个体人格的弘扬和珍重，认为人是自我定义、自我成就的。

孔子用"仁"的标准，从内在的精神品性上来裁定一个人对"礼"的践履程度。孔子把"礼"的可适用范畴扩大到所有人，把"礼"的内在根源归结于人的某种诚挚的内心感情。这样，在孔子那里，"礼"的实践就不再具有社会强制的性质，而是一种对社会伦理的自觉履行，是一种道德实践。这个精神性的实践标准，孔子称之为"仁"。

"引仁入礼"使"礼"有了人性基础。一方面，"礼"作为不妨碍他人的美德，是对我们人性的合理约束。我们每天都生活在情感当中，因而都有喜怒哀乐，但是一定要学会理性地控制自己的情感。古人讲，"发乎情，民之性也"，情是人性使然，天然合理。但是，情绪的表露一定要"止乎礼义"，合于道德理性的要求——仁。

另一方面，"礼"也是我们自己行万事的"通行证"。"礼"是以他人的存在作为前提的。我们做每一件事情，一定要考虑到他人的感受，而且要为他人着想，要懂得尊重别人。我们既要有"礼"的文化修养，又不要迷失了美好的本性——仁。礼的精神要义是"仁"，要引仁入礼，将仁作为礼的核心和基础。

"礼"体现了哪些人文精神呢？核心是爱。首先就是博爱之心。在2000多年前成书的《孝经》里，已经出现了"博爱"一词，"先王见教之可以化民也，是故先之以博爱"。其次就是敬。《孝经》说："礼者，敬而已矣。"意思是说，所谓"礼"，无非是表达敬意罢了。内心的爱和敬，应该是能够被人家感受到的。

因此我们认为，"礼"是个体生命的社会化。"仁"帮自体实现在社会中的角色转换，即"由他律到自律"；"礼"以其特有的表现力，展现出自我的亲爱之心、关爱之心、敬爱之心、友爱之心，即所谓"内仁外礼"。

2. 诚为仁之本

"仁者爱人"，礼是仁的理性化。这里包含两个层次："己所不欲，勿施于人"、成己安人。理性化的关键是仁、同类意识和诚。

"爱人"是仁的灵魂和内核，是仁的根本之所在，也是仁人君子必须具备的首要品格。作为对理想人格的一种内在要求，"爱人"不仅仅要爱自己的家庭成员，即所谓"亲亲之爱"，还必须从亲亲之爱出发，推己及人，把"爱人"推及全体社会成员，实行广博的爱，这就是孔子所说的"泛爱众，而亲仁"（《论语·学而》）。

对于如何"爱人"，孔子提出两个层次：一是"己所不欲，勿施于人"（《论语·卫灵公》），这是最低限度意义上的"爱人"；二是最高限度意义上的"成己成人"，即孔子说的"夫仁者，己欲立而立人，己欲达而达人，能近取譬，可谓仁之方也已"（《论语·颜渊》）。

这两层意思说的是一个道理，就是对待他人要像对待自己一样。自己不需要的东西不能给别人，想成就自己的时候，不能拿他人当工具，而是先要成就别人。这种态度就是求仁的态度，就是诚。《孟子·尽心上》中说："万物皆备于我矣。反身而诚，乐莫大焉。强恕而行，求仁莫近焉。"说的也是诚。

这让人想起白奚在《仁字古文考辩》一文中对"仁"的解释："以人为思考对象而生发出来的情感，也就是人与人之间应有的情感，实际上也就是'仁'这种'同类意识'。心中思人（广义的、抽象的人），将他人放在心上，应该就是'爱人'和'同类意识'这一仁字的本义。"（白奚，2000）

这也让人想起克里希那穆提的话："你不必读哲学、心理学和精神分析等方面的书籍，因为你就是所有人性的全部内容。"（克里希那穆提，2008）"因此在心理上，你就是这个世界。""如果你完全理解了'心理上，个人就是世界'这个事实的含义，那么责任就会变成无法遏制的爱。"（克里希那穆提，2010）

3. 诚为本质是反身性地将自己的需要当作别人的需要

由"诚"想到现在我们常常谈论的一个词——诚信。在一般意义上，"诚"即诚实诚恳，主要指主体真诚的内在道德品质；"信"即信用信任，主要指主体"内诚"的外化。"诚"更多地指"内诚于心"，"信"则侧重于"外信于人"。"诚"与"信"一组合，就形成了一个内外兼备、具有丰富内涵的词。

我们希望别人讲诚信，自己就要先以诚信待人。因为"诚"是做人的基本要求。孟子的那句话说得很清楚，"诚"是反身性的。只有将他人看作自己，才是"诚"。具体地说，就是不要将自己不需要的东西给别人，同时，当自己有需要的时候，先要想到别人的需要。当我们做的是他人需要的事情的时候，是有礼的；而当我们做的是他人不需要的事情而硬要他人接受和配合的时候，是非礼的。

"诚"是五常（仁、义、礼、智、信）的基础，亦是人的各种善行的根源。可见，"诚"在儒家道德体系中是何等重要。难怪古语云："反身而诚，乐莫大焉。"只有做到真诚无伪，才可使内心无愧，坦然宁静，给人带来最大的精神快乐。

孟子说："是故诚者天之道也，思诚者人之道也。"我们的目标是：真情存在于内，礼仪表露于外，以诚为贵。向善——仁为本心，善为大同；崇礼——反身至诚，事成于礼，明礼于心（内仁）、行礼于人（外礼），明礼修身，乐莫大焉。

我们就是要以健康自我为核心，使学生能够将仁爱及社会责任作为自我生命存在的意义，并以仁爱和责任为基础发展协调自我与他人、自我与社会、自我与组织、自我与国家、自我与自然、自我与人类整体发展的关系的一种能力，从而获得自我发展的社会空间。

从爱到礼，以仁释礼，引仁入礼，以"礼"为目标，关键是"爱"与"敬"情感的升华；以己推人，爱自己也爱别人，敬别人也就是敬自己，以"仁"为核心，关键是"同类意识"、"礼"在心"诚"。因为礼是要表达诚意的，而诚意是来自于内心的，所以只要心意是诚恳的，那么礼仪上即使有不足，也没什么关系；反之，心不诚，有礼也是无礼。

（六）对"需要"的理解

"需要"能够帮助我们还原"礼"的人性基础，因为"需要"就是人性的基础。七情六欲（本能需要）是人性之基，需要满足是人性之道，追求幸福是人性之能（动能），自我发展是人性之质（本质属性）。而在满足这些"需要"的过程中，我们还要关注的是，传承习得是人性之成，自在自觉是人性之向，和而不同是人性之异。

人性之异"和而不同"。每个人都有一个"自我"，自我的完满发展是生物性和社会性的充分和谐发展，是自在自我和自觉自我的充分和谐发展。

有人可能会认为，有很多对孩子们未来发展非常重要的需要，是孩子们现在意识不到的，这样的需要我们应该去关注。在教育实践中确实存在这样的情况，但是，教育者不能这样直接地、主观地、强制地根据自己理解的需要去让孩子们做事，而是要善于唤醒孩子们对需要的理解，让我们认为重要的需要变成孩子们认可的内心需要。

人最基本的需要是最早的生物的需要，先是生存也就是生本能的需要，然后是本能的兴趣的需要、适应环境任务和利益的需要、复杂情感和社会的兴趣的需要，最后是理想的需要。

另外，"自我"的"需要"不是自私、低俗、自我的，这种"需要"是客观的，其中包含着理想。因为人是社会化的，会在他人的态度和自己的需要之间不断进行协调，逐渐形成一定的态度体系。所以"自我"既包括人由于担任不同的社会角色而产生的不同的行为，也包括被他人如何看待和承认。

人之所以关注他人对自己的期望，是因为人有被别人注意和喜欢的倾向，人的生存、发展、理解和幸福离不开他人。因此，在社会自我中可以看到人的需要和情感的投注。在这种需要和情感的投注中，人才会充满活力和生机。这个时刻的自我就是真正的"我"。

"礼文化"教育中的"自我"的"需要"，是在不同的交往情境中，确定自己应采用哪种交往方式和行为。这种"需要"不仅是为了"悦人"，更是为了"纳己"，因为人都有一种被他人喜爱和接纳的愿望，即所谓"亲和需求"——建立友好亲密的人际关系。在马斯洛那里，它被划为第三层次的需要，即"爱与归属的需要"，属于人的基本需要。

由此可见，"崇礼"教育的人性基础既包括人的社会性，也不能忽视人的自然性和生物性。因为人对自身的生存、发展、理解和幸福的现实需要，使得个体具有浓厚的社会性的兴趣，因此而获得了做人的意义和价值，这是人的社会性的核心，也是"崇礼"教育的价值所在。

（七）让学生培养目标成为自我的身份认同

前面谈到，学生培养目标是自我身份认同。"认识自己"是学生发展的一个重要任务。因为"自我"要协调自然性、个人性和社会性之间的矛盾，其前提是要了解三个世界：自然、社会和自己。以前我们总是从"自然性"和"社会性"这两个角度来认识自己。弗洛伊德的《释梦》里面出现的幽默——一个失忆者在滔滔不绝的讲述里寻找自己在这个世界上的痕迹，不仅让我们微笑，更使我们关注到自我身份认同的另一个重要视角——个人性。个人是失语的，这是当下我们无法摆脱的困境。这里提出自我的"个人性"，就是为了唤醒"自我"中沉睡的"个人性"。

自我的身份认同包括自我身份认同（self-identity）和社会身份认同（social-identity）。自我身份认同强调自我的心理和身体体验，以自我为核心；社会身份认同强调人的社会属性。自我的身份认同往往是在与其他人的互动当中表现出来的，属于客体关系的结果。"个体把自己的发展当作自己认识的对象和自觉的实践，这样的人生发展就达到了自由、自觉的地步，因此，这是人的主体性的最高形式的表现。"（叶澜 等，2000）[150]

一个健康的自我，内在心理会呈现健全状态，外在行为会呈现积极状态。人的健康自我发展的最高境界是内在心灵与外在行为的合一。

"温故而知新，敦厚以崇礼。"（《中庸》）如果说学生的现实人际交往活动是外在行为，那么其人际交往能力和内心的崇尚礼仪则是内在素质。个体自我意识中理想自我的设计决定着个体自我的发展。依据"礼"对现实社会自我进行认识与评价，进而对理想社会自我进行设计，确定自我人际交往能力发展的方向，学习"礼"上往来的知识与技能，了解中国传统"礼"文化，在现实的人际交往中践行"礼"，感受

"乐"，以"礼"反思自身言行，自我加强、自我完善、自我超越，最终达成"礼"，提升健康社会自我外显行为能力，实现自我真实的发展和自我的身份认同。

在这个过程中，学生们实现了"复现自己——过去的发展"、"规划未来——未来的发展"、"切实行动——现实的发展"三种时态的统一。这是一个可循环的过程，在这样的循环中，学生们实现了可持续发展，他们是自己人生真正的创造者，他们是自己真正的自我的塑造者。

从这个意义上说，身份认同在本质上是自我的一个重要特征。它发生在自体与客体关系的互动之中，但最终要经过自我的认同。自我的身份认同是能够理智地看待并且接受自己以及外界，能够精力充沛，热爱生活，不会沉浸在悲叹、抱怨或悔恨之中，而且奋发向上，积极而独立，有明确的人生目标，并且在追求和逐渐接近目标的过程中，体验到自我价值以及社会的承认与赞许。自我既从这种认同感中巩固自信与自尊，同时又不会一味地屈从于社会与他人的舆论。

人的自我是具有探索性的，只有自体的世界是开放的，才有健康的自体、健康的自我。我们就是要用"崇礼"教育，为学生创造一个开放的人际互动空间，帮助他们在被别人注意和喜欢的体验中，自我健康发展，并逐渐理解个人的发展和幸福离不开他人，因而在"礼"中看到自我的需要，在"崇礼"中加入情感的投注。这时健康的自我对人际关系有很好的适应能力，并拥有尊重自己和他人的需要与情感。

我们认为，自我的发展就是这样的一个过程，就是从"自在的我"走向"社会的我"，最终成为"自为的我"。教育就是人的社会化的过程。在这一过程中，首先是"自然的我"接受社会文明和规范，走向"自然的我的消解"，但这不是人发展的终点，在这后面还有"我的再生"，即"独特的我的再生"。这对于我们深化对"礼文化"教育的理解是非常有意义的。问题的关键就在于我们的教育是否已做好准备，去帮助每一个学生塑造他们的独特的自我身份认同。

参考文献：

白奚. 2000. 仁字古文考辩 [J]. 中国哲学史 (3)：98.

克里希那穆提. 2008. 你就是世界：II [M]. 孙芳，译. 海口：海南出版社：87 –88.

克里希那穆提. 2010. 教育就是解放心灵 [M]. 张春城，唐超权，译. 北京：九州出版社：17.

梁漱溟. 2011. 中华文化要义 [M]. 上海：上海人民出版社：115.

彭林. 2004. 中国古代礼仪文明 [M]. 北京：中华书局.

钱玄. 1990.《三礼辞典》自序 [J]. 古籍整理研究学刊 (1)：1 –2.

王梦鸥. 2011. 礼记今注今译 [M]. 北京：新世界出版社：2 –3.

叶澜，郑金洲，卜玉华. 2000. 教育理论与学校实践 [M]. 北京：高等教育出版社.

从"明德笃行"到
"明德笃行，自觉自为"

翠微小学　许培军

学校工作虽然千头万绪，但是定位其明确的方向是至关重要的事情，需要花费很大的精力。这个方向的核心就是学生培养目标。

我们期望通过六年的教育培养出什么样的孩子？对于任何一位有着高度教育自觉的小学教育工作者来说，这是一个贯穿始终的问题。可以说，对教育目的的思考与践行是一所学校一切工作的核心与宗旨。

学生培养目标是学校所有工作的方向，是灵魂，具体决定着干部和教师的行为，决定着学生的行为，影响着家长的行为；具体决定着校本课程的设置和国家课程的校本化实施，决定着校园环境的建设。如此重要，就需要有更加理性的思考：如何确定学生培养目标，即学生培养目标制定的合理性问题。

一、学校制定学生培养目标的合理性的思考

学校是否需要确定自己的学生培养目标？确定学生培养目标的合理依据是什么？翠微小学的干部和教师在自己的发展历史中逐步梳理着对这个问题的思考。

（一）学校是否需要自己的学生培养目标

国家的教育方针已经对培养目标做了明确的规定，学校还需要制定自己的学生培养目标吗？

第一，每所学校的生源不同，发展的需要会略有侧重。

第二，学校形成自己的目标，有利于建立组织感、归属感。

第三，每一所学校发展的历史、所处的环境都不一样，形成的优势和存在的问题也不一样，因地制宜，充分利用现有的资源对学生进行更为合理和可能的优质教育，需要学校形成自己的目标。

第四，学校学生培养目标的具体确定能够使全体干部和教师对学生培养目标有自觉的认识。

翠微小学于 1956 年建校，已历经半个多世纪。在前 40 年它均以国家的教育要求、党的教育方针作为其培养目标。如 1957 年，毛泽东在《关于正确处理人民内部矛盾的问题》中提出："我们的教育方针应该使受教育者在德育、智育、体育几方面都得到发展，成为有社会主义觉悟的、有文化的劳动者。"之后党的教育方针不断随时代变化，1995 年国家颁布的《中华人民共和国教育法》第 5 条规定："教育必须为社会主义现代化建设服务，必须与生产劳动相结合，培养德智体等几方面全面发展的社会主义事业的建设者和接班人。"这是第一次通过立法完整地

规定我国的教育方针。

这个时候，教育日益被重视，教育事业获得了快速发展，诸多校长有了办学的自觉，对学校的培养目标有了思考。田志刚校长于 1997 年提出翠微小学的培养目标：培养让翠微小学骄傲的学生（"明天的我是翠小的骄傲"）学校的艺术教育、英语教学独树一帜，名气越来越大。随着课程改革的推进，翠微小学开始规模化、规范化发展，成为海淀区首批素质教育先进校，在海淀区有了比较大的影响。

（二）学校发展目标要体现文化引领

随着时代的发展，"文化立校"提到学校发展的历程上来。2008年，张彦祥校长顺应时代要求，积极探索，启动了学校文化建设。他引进专家为学校把脉，历时两年，经历了"历史梳理，精确提炼"、"面向未来，富有创新"、"广泛调研，系统构建"三个过程，于 2010 年 4 月，通过教代会，明确将"明德至翠，笃行于微"作为学校核心价值理念和校训，确定了"明德笃行的阳光少年"的育人目标和办学目标，以及"明德笃行"的教育内容和校徽、校歌、翠微赋等，形成了翠微教育的核心文化理念体系，以此统领学校整体发展。"明德至翠，笃行于微"巧妙地将"翠微小学"的"翠"、"微"联系起来，赋予了"翠微小学"这个校名以丰富的精神内涵。

2012 年，这一文化理念得到了进一步的深化和丰富。"翠微"之"翠"有翡翠、美玉之意，以"美玉"之翡翠色为基本色，"至翠"代表至真、至善、至美的道德和理想境界，形成"美玉"之特质形象与"明德至翠"的文化理念的统一。"翠"彰显的价值理念与追求为"绿的生态"、"玉的品质"。绿色生态之中，每一位师生员工、每一个团队都能够彰显自己的价值，都能够自由交往、自由呼吸。绿色生态之中，每一个生态元素（人、物、环境）都自由、奔放，并与其他元素自然融合，圆润通透，充满生机和活力，达到质量、境界和品位上的"玉的品质"。高质量是"翠·微"教育办学质量、教育质量的基本诉求，大气代表其办学风格、教育风格的视野和气魄，而高雅的品位则是其办学气质与教育气质追求的终极目标，代表着"翠·微"教育文化的生态和品质。

"微"彰显的价值理念与追求代表着"翠·微"教育文化的风格和内涵，有细的教育风格，有精的文化内涵。"微"彰显的价值理念与追求为"微的细腻"、"润的内涵"。"微的细腻"是"翠·微"教育实践的动态价值追求，是真挚的"情"与科学的"理"汇合的细流款款前行，点滴之中透露着精致、深刻与周到。"润的内涵"则定格了"翠·微"教育"随风潜入夜"的特质，细微中蕴藏一种关爱，温和中蕴藏一种力量，温润中透露着生长和希望。

"明德至翠"要求师生不断加强道德修养，努力进行人格提升，使之达到完美的境界。对学生来说，就是要追求真知，富有旺盛的求知欲；就是要富有敢于实践、勇于探索的科学精神；就是要富有理想，放眼长远，在未来能创造独特价值，服务文明社会。"笃行于微"就是关注基础和细节，践行所学，勇于实践和探究，注重体验，勤于动手，长于创造，"知行合一"。对学生而言，"笃行于微"，就是从细微处入手，从习惯入手，从基础抓起，切实履行，专心实行，力行其事。"阳光少年"即要求学生"富有朝气、锐气、正气的外在形象，富有善良、乐观、合作的内在品质，富有坚定、果敢、守纪的行为表现"。

"明德笃行"不是空洞的理念，它经过各个方面的调研，有具体内容，是干部、教师、学生以及工勤人员都内外兼修、德行一致的"行微"显现，在后面学生"六德"的解读中有具体体现。

（三）学生培养目标还要关照学生的自我

"明德笃行的阳光少年"的目标要求是很高的，要在教育中实施和实现，关键是要在孩子的内心世界生根开花。我们需要从孩子内心世界的视角去思考学生培养目标的合理性问题。

《学记》中有这样一段话："今之教者，呻其占毕，多其讯言，及于数进而不顾其安，使人不由其诚，教人不尽其材，其施之也悖，其求之也佛。夫然，故隐其学而疾其师，苦其难而不知其益也。虽终其业，其去之必速，教之不刑，其此之由乎！"是啊！如果不从孩子们的内心世界去考虑，这样的教育就不是真诚的教育，这样的教育就可能成为使孩子们受苦而不能受益的教育。

在西方，"教育"一词源于拉丁文"educate"，原意为"引出"或"导出"。通俗地说，就是通过一定的手段，把某种本来潜藏于身体和心灵内部的东西引发出来。

综观东西方对"教育"的理解，我们可以做出这样的判断：教育不能是灌输，即使是灌输，那也只能是一种手段，而最终要达到的结果便是将潜藏于学生内心的东西引发出来。那么，这个东西是什么呢？我们认为，那就是学生向善、向好的状态或者说拥有这样的心理趋向。从社会学和心理学上讲，我们认为这就是"健康自我"。

我们需要关照孩子的价值世界。在如今这样一个价值多元的社会，价值信仰的迷失使得价值观的培育显得越来越重要。所以，责任教育、诚信教育、感恩教育、幸福教育等一系列教育范畴都被提了出来，并且在许多中小学校园得到了践行。同时，我们更需要关照孩子的自我世界。当今社会，人们几乎是被裹挟着前行，马不停蹄。孩子也是一样。一旦停下来，我们会发现他们中的多数不会休闲，甚至最基本的"玩"都简单乏味，所剩下的只有"学习学习再学习"。可以自主支配时间的时候，他们反而失去了自主选择的勇气和能力。所以，无论是责任教育还是感恩教育，抑或是幸福教育，最终都应该落脚在培养一个大写的"人"。与其费尽心思在孩子心灵深处培育价值观的种子，倒不如教会孩子以一种自主的、积极的、负责的姿态去管理，去省察，去协商，去调节。因为，我们教育不仅培养凤毛麟角的科学家、政治家，我们还培养千千万万个平凡而普通的人。高素质、高能力是重要的，但是，培养出拥有健康自我，在这个复杂多元的社会中能够自主、自在地生活的人却是最为基本的。在季苹教授的指导和影响下，学生健康自我的重要性得到我校全体教师的认同，我们的培养目标因此便调整为培养"明德笃行，自觉自为"的阳光少年。

二、从"明德笃行"到"明德笃行，自觉自为"

如何理解孩子的内心世界？在北京市名校长工作室两年关于健康自我的学习和研究中，我们逐渐找到了一些关键内容。

（一）健康自我

健康自我具有丰富的内涵，通过梳理，我们对小学生健康自我的特征从内容和过程两个角度进行了概括。

第一，具有健康自我的小学生应该表现出如下几个特征：①自在并自我丰富，即在学业发展、人际交往、生活、健康等方面具有丰富的体验，能够爱学习、善交往、会生活、懂健康，总之，身心发展是自在的、丰富的；②自知并自我调节，即能够较为客观地知觉和评价自己的状态和需求，并能够及时、合理、顺利地进行自我调节；③自主并自我负责，即自发、主动、探索、投入、坚持、选择、协商和自我调节等，并最终获得整合与统一，获得幸福的体验；④自爱并自发爱人，即拥有一种自我关注、自我肯定与认同、自我激励的心态，外在表现为自我接纳、自信等，还能以自爱之心体切他人，关注、认同、肯定、激励他人。

第二，小学生健康自我发展过程中出现以下几个特征：①过程性。自我是逐渐发展的，它并非与生俱来，而是在社会经验与活动的过程中产生的。小学生健康自我的发展同样并非一蹴而就，是在学校教育、家庭教育、社会教育等多种生态中潜移默化的，并且过程中可能出现反复。②依赖性。小学阶段，老师和家长是学生健康自我成长过程中的重要他人。小学生心智发展不成熟，缺乏丰富的体验，并且一般情况下意志较为薄弱，容易受外力及环境的影响。这些为我们的工作提供了切入点，同时也带来了难度。③片面性。小学生的自体、客体表象往往由于自身经验的缺乏以及心智的不成熟而呈现出以部分客体代替完整客体的倾向，从而影响了认知、判断和决策。

另外，从自我发展的阶段看，小学阶段的主要发展任务是学习，学习知识、学习交往、学习生活等，从中形成勤奋、爱心、诚信、尊重、责任、勇气等高尚的品德。同时，小学阶段的主要发展任务还有发现自己，发现自己的兴趣爱好，感受自我的力量。但是，发现自己需要平台，需要策略方法，自然它就需要得到家长和老师这些"重要他人"的帮助和支持。

（二）明德与自觉、笃行与自为

明德笃行只有成为自我的需要并成为自我的自然天成的行为方式，才算是走进了人的内心世界，才是真实、真诚、有意义的。

1. 美德与人性相通

怎样理解美德？如果仅仅将美德理解为一种社会规范，可能就会距离人心遥远，只有将美德理解为人性的渴望，才能走进人的内心世界。只有让孩子们从内心体验到对美德的渴望，美德才是真实、真诚、有意义的。不仅如此，如果没有这样的体验，而是被强制地服从美德，会给人的内心带来冲突、痛苦并使人丧失能力。

印度心灵大师克里希那穆提说："如果没有美德，人的思维就将是混乱的和矛盾的，而如果没有一个宁静的、有序的、不存在冲突的思维，显然人就不可能走得更远。……仅仅是培养美德并不会带来自我，而只是带来平静，即对秩序和约束的感知，这是调整思维使其符合某种被称为美德的社会模式的结果。"（克里希那穆提，2008）[26] "只有通过自我认知，通过体察我们自身的思维活动、我们自身的反应过程以及我们的各种渴望，才能理解这一过程。那么我们将会发现什么是有美德的，而不是约束自己要有美德。你看，尽管我们试图压制，试图摆脱、约束和控制冲突，试图按照各种模式改造矛盾，只要我们的头脑还被困在冲突之中——也许是潜在的冲突——它就永远不会真正地平静。对我来说，平静的头脑是很重要的，因为它是我们理解、感知和交流的唯一工具。而只要这个工具没有完全地明晰，并有能力感知和不断地探寻，就不会有自由和宁静，也不会发现任何新的东西。"（克里希那穆提，2008）[28]

有发自内心的强烈愿望，才能成为自我的自觉的需要，才会有不辞辛劳、不怕挫折的自为的行为，才会有真正的笃行。

2. "六德"与自我的对应

"爱心、责任、尊重、诚信、勤奋、勇气"这"六德"与自我紧密相关。

爱心是健康自我的核心，是灵魂。没有爱，就没有心灵的滋润，就没有自我与环境、与他人、与社会的和谐。有爱才会拥有真正的自我，才会有真实存在的、持续的责任、尊重、诚信、勤奋和勇气。没有爱，责任、尊重、诚信、勤奋和勇气就是无根的、乏味的、虚伪的。

勤奋是学生学习之本，要在兴趣和自主探索中理解勤奋的意义。勤奋是对自己自觉到的兴趣的一种持久关注和探究，实现一种超越，超过旧我，走向新我，追求完美。

尊重和诚信是学生做人之本，要在自我认同和喜爱、尊重和自我信赖中理解爱心、尊重和诚信。"尊重"首先是一种自尊，感受个人生命的尊严，重视自身生命的价值。它是肯定的自我评价引起的自爱、自重，是个体自信及期望受到他人、集体、社会尊重与爱护的心理。"诚信"是"内诚于心"与"外信于人"的融合，形成了一种内外兼备的美德。

责任和勇气是学生做事之本，要在自我价值享受和生命精彩中懂得责任，建立勇气。责任就是能清醒地认识任务对自身的爱与追求的意义，做好分内应该做好的事，并承担不利后果或强制性义务。勇气是个体意志过程中的果断性和具有积极主动性的个性心理特征，它有自我能力的肯定，有超越自我的期待，更有战胜自我的行动。

（三）美德与兴趣

自我既是社会性的，又是生物性的。人既有适应社会的需要，又有与生俱来的需要，其中有安全的需要、本能的需要、兴趣的需要。美德一定是能给人带来内心安宁的。但是，美德和人的兴趣是什么关系呢？小学生的世界是一个充满童真童趣的世界，如果我们能关注这些兴趣，将其引发出来，让其发展起来，该是多么美好！可是，兴趣在我们的目标中没有体现，不过在我们的课程中是有很多考虑的。

这里的兴趣包括两个方面：一方面是由于天赋才能而具有的兴趣，例如，有的孩子擅长听，有的孩子擅长说，有的孩子擅长舞；另一方面就是社会性的兴趣。"社会性的兴趣"是一种抽象的对社会、对人性、对人类的感情，是对他人、对人性的敏感。在此基础上，逐渐会发现一些大家共同关注的切身利益问题，从而产生兴趣，如对教育的兴趣、对医学的兴趣等。这种兴趣不同于本能的兴趣，我们称其为"社会性的兴趣"。这种"社会性的兴趣"往往与美德自然融合。兴趣和美德是需要环境与氛围去激发和点燃的，而不是靠外力来硬性培养，否则它便是虚假和虚伪的。规范不是美德，美德滋生在内心，犹如兴趣一样，等待被激发、被发现、被扩大。

三、"明德笃行，自觉自为的阳光少年"的内涵

（一）以"心"字表达对"明德笃行，自觉自为的阳光少年"的总体理解

之所以做这样一个形象设计，是想表达我们对学生内心世界的关注，是想说明阳光少年是由内而外的，是心灵的绽放，是一种"自觉自

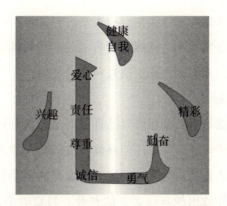

图1 "健康自我"由"心"表述图

为"。让我们从"心"出发，开始对教育的本源进行探究。

它以"心"字最上的一点"健康自我"为最高境界。

它以中间的"乚"所包含的爱心、责任、尊重、诚信、勇气和勤奋为主体躯干。爱心是"健康自我"的核心，爱自己，爱自然，爱他人……居于最上端；勤奋是学生学习之本；诚信和尊重是学生做人之本；责任和勇气是学生做事之本。

它以"心"字左右两边的点"兴趣"和"精彩"为乘风的翅膀，从两头焕发心灵的活力。没有这对翅膀，学习之本、做人之本、做事之本难以到达最高境界。"兴趣"和"精彩"就是自在并自我丰富，并在兴趣和自主探索中体会勤奋和爱心，在自我尊重和自我信赖中理解尊重和诚信，在自我价值享受和生命精彩中懂得责任，建立勇气。

整个"心"的状态是彼此关联、遥相呼应的，在一种密切的关系中自知并自我调节。孤立地看待某一点，就不够明智，也难以自知和自我调节。

（二）以"心"字表达对"明德笃行，自觉自为的阳光少年"的具体理解

1. 健康自我

"健康自我"是教育的本质内核，也是教育的最高追求。一个人拥

有了健康自我，就拥有了自在并自我丰富，自知并自我调节，自主并自我负责，自爱并自发爱人，就拥有了持续的、愉悦的、自由的发展，就拥有自我的幸福，并和谐自处于他人和环境之间。

2. 兴趣和精彩

美好的生活就是全心全意做自己喜爱的事，没有自己心灵的挣扎和情绪的纠结，不依赖任何人、任何环境，安静地、投入地、喜悦地、有能力地做事，这才是真正的自己的生活。教育的本质是帮助学生发现他的兴趣和潜能，开放出他自己人生的花朵。教育者应该首先并持续地、敏锐地帮助学生发现他最感兴趣的事情。发现自己的兴趣、专注于自己的兴趣，他才可能活出自我个性，活出独特精彩，并丰富这个世界的精彩。兴趣成就精彩，个人潜质才能不断迸发；精彩出自兴趣，个人价值才能不断超越。

张开"兴趣"和"精彩"的翅膀需要依托于"六德"（勤奋和爱心、尊重和责任、诚信和勇气）这一坚实的主干。

3. 六德

（1）爱心

"爱心"使学生保持一种愉悦的情感善待自己、善待他人、善待环境，会敏感地体会、移情，周到地关注和行动。在爱中主动、自发地学习，提高认知，丰富情感。爱心从怎样的行动中看出来呢？

行微：

- 能够善待自己，能够正确地对待自己的错误，认同自己。
- 能够善待家人，能够体察到父母的良苦用心，能够说出父母对自己的爱。
- 能够善待同学，原谅他人，能够说出关系不好的同学的几个优点，能够善意地帮助同学。
- 能够意识到生活中的弱者，力争通过力所能及的方式帮助一个需要帮助的人。
- 能够善待动物、植物。

- 能够善待环境，节约资源。

这种善待不仅仅是外在的要求，更是内心的自觉，是一种积极的情感体验。教育者应从这些方面引发和唤醒学生内心沉睡的这份爱，从小入手、以小见大、逐步推延。从爱自己、爱亲人入手，到爱同学、爱老师、爱身边的人，最后直到爱同胞、爱人类、爱自然、爱天下。以爱育爱，在爱的氛围下，孩子才能获得真、善、美的滋养，并逐步化为其爱心行动的自由和自在。

（2）勤奋是学生学习之本

"'勤奋'这个词意味着细心、警觉、观察和一种深刻的自由感。""勤奋就是注意，它会自然产生无限的关怀、关注与爱的清新。这一切需要巨大的敏感性。"勤奋是一种即时，不拖延，不推诿；勤奋是一种专注，持续专注于感兴趣的问题的彻底解决；勤奋是一种超越，超越旧我，走向新我，追求完美。从怎样的行动中看出来呢？

行微：

- 能将学习与兴趣联系起来，在老师和家长的帮助下，积极发现和培养学习中的兴趣点。
- 善于将学习困难与自己的兴趣发展联系起来，提高学习动力。
- 当自己决意要完成一件事情时，能全身心投入，善始善终，做事有耐心、有恒心。
- 面对学习和生活中的困难，能主动解决，并善于寻求他人帮助，不断改进自己的学习方法。
- 善于在学习中鼓励自己，学会在挫折中总结经验。
- 做事情能够不惜力，追求完美，使自己不断进步。

在这里，我们会发现勤奋与兴趣天然地结合在一起。我们常常狭义地理解"勤奋"，认为学习与做事认认真真，愿意付出时间和汗水，尽心尽力地干好要做的事情，不怕吃苦，踏踏实实，任劳任怨，就是勤奋。殊不知，没有兴趣为基点，这种勤奋便是一种外在的痛苦的折磨；以兴趣为基础，所有的付出就是一种内在的投入和享受。

从以上对爱心和勤奋的理解来看，我们不难发现，它们是紧密关联的，爱心与勤奋会让人以一颗勤勉之心积极地关注，在问题出现时面对它，找到症结并立即解决它。它会带来充足的能量，走向大爱，以开放的心态不断学习，摄取能量，突破自我，成就精彩。这是学习之本。

（3）尊重和诚信是学生做人之本

"尊重"首先是一种自尊，感受个人生命的尊严，重视自身生命的价值。它是肯定的自我评价引起的自爱、自重，是个体期望受到他人、集体、社会尊重与爱护的心理。在此基础上敬重、重视他人思想观点，认同、采纳、遵从他人正确的意见，尊重他人的权利和利益，在与他人交往中注意保持庄重的态度、营造融洽的气氛等。尊重是爱心的自然延展，尊重就是爱的表达。从怎样的行动中看出来呢？

行微：

- 看重自己的价值，能略高于别人对自我的评价，并在各项活动中展示和体现自己的价值，不因周围不好的评价而妄自菲薄，总是以积极的、阳光的心态看待自己。

- 在家庭，能耐心地听取家人的意见，能够正确对待家人的不同意见，能够发自内心地礼貌对待父母及其他家庭成员，知道并熟练地使用温馨、规范的家庭礼仪。

- 在学校，能够尊重老师和其他工作人员，见面主动问好，得到帮助时表达感谢，遇到不能理解的事情及时沟通，多听取老师的意见。

- 能够尊重同学人格，倾听同学意见，不讥讽、嘲笑、谩骂同学，不给同学取外号。

- 善待弱小同学，在交友和集体活动中，在他们遇到困难的时候，能主动关心和帮助他们。

- 学会欣赏每个同学，善于发现每个人身上的闪光点，不因成绩、外貌、性格歧视同学，而是多鼓励。

从以上解读中，我们明白尊重的对象不仅是旁人，更应该是自己，只有自我尊重，才能体会生命的尊严，才能做到不仅尊重尊者和长者，还能尊重弱小者和社会地位低下者；不仅尊重与自己观点相同的人，还能尊重那些与自己意见相左的人。对小学生来说，最重要的是教师以尊重唤起尊重，让他们在师生交往中学会欣赏，学会包容，在彼此欣赏和包容中学会尊重。

在一般意义上，"诚信"的"诚"即诚实诚恳，主要指主体真诚的内在道德品质；"信"即信用信任，主要指主体"内诚"的外化。"诚"更多地指"内诚于心"，"信"则侧重于"外信于人"。"诚"与"信"一组合，就形成了一个内外兼备，具有丰富内涵的词，其基本含义是诚实无欺，讲求信用。从怎样的行动中看出来呢?

行微：

- 能够真诚地对待自己，清醒客观地看待自己，不自欺。
- 能够全身心投入学习过程，坦然地接受学习结果，对学习不良效果能够认真分析，寻找原因，不瞒报成绩，不爱慕虚荣，不盲目攀比。
- 与人交往诚实守信，表里如一，不欺骗别人。
- 不轻易承诺，承诺的事情尽最大努力完成。对尽力但没有完成的事情要做出解释，如果影响到别人要表示道歉，并尽可能补救。
- 制订适合自己的学习计划，尽力保质保量地完成。
- 对别有用心的人善于区别对待，不轻易告诉这种人重要事实，不轻易承诺。善于保守秘密，保护自己和他人的隐私。

"诚信"最重要的是"真"，真诚地对待自己，相信自己，并投射在真诚地对待他人，信任别人上。对于小学生来说，要一是一，二是二，知之为知之，不知为不知，不爱慕虚荣；在交往中要信守诺言、言行一致、表里如一、不自欺欺人；对待过错不要文过饰非、敷衍了事。做事要有目的、有计划，并力争保质保量地完成。教育者还要提醒学生，根据复杂的情形，善于合理地保护自己和别人的正当利益，对别有用心的人要区别对待，保护自己和他人的隐私。

从以上对尊重和诚信的理解来看，我们不难发现，它们都需要从自我出发，清楚地、真诚地、积极地看待自我，只有这样，才能移情、共情于他人的尊严、情感，从而发自内心地对待自己、对待他人，而不只是遵从外在的要求。内在的需求及其外化与外在的要求及其内化有机统一，才能使人内心安宁、愉悦，和谐自处与和谐他处，这是做人之本。

（4）责任和勇气是学生做事之本

责任的三重含义：一是清醒地认识任务对自身的爱与追求的意义，学会辨析和选择，以便更好地尽责；二是做好分内应该做好的事，如履行职责、完成任务等；三是指没有做好自己的工作而应承担的不利后果或强制性义务。责任感是衡量一个人精神素质的重要指标，有责任感的人不仅知晓自己喜爱之事、应为之事，还会对自己所做的事、所说的话负责，将主动担负责任和敢于承担责任高度统一起来。从怎样的行动中看出来呢？

行微：

- 对自己所爱的人和喜欢的事情全情投入，不计回报，理所应当地合理承担其给自己带来的任务，承担各种麻烦。
- 知道自己是家庭中的一员，乐于主动分担家庭中力所能及的事。
- 知道自己是班级的一员，乐于主动分担班级和学校中事务。
- 知道自己是社会的一员，乐于在他人的帮助下做些力所能及的事。
- 热爱劳动，乐于学习必要的劳动技能。
- 对自己所担负的事务乐于认真负责，不逃避责任，不推诿责任。能够将学习与自己的责任联系起来，能够知道学习的多种意义，明确学习责任。

从以上解读中，我们会看到"乐于承担"这样的核心词。克里希那穆提曾给我们指点迷津："请不要把这个责任当作负担，否则这种负担就变成一大堆空口白话，毫无实际可言，只是幻觉而已。这种责任有它的快乐、它的幽默、它的运动，却没有意念的沉重。"因此，责任要与内心的爱结合起来，因为爱，责任才不会变得那么沉重，因为爱，才能乐于承担，勇于承担。

从心理学角度来说，勇气是个体意志过程中的果断性和具有积极主动性的个性心理特征，是态度、信心相结合而产生的士气状态，是一种勇往直前的气魄，是想干、敢干、毫不畏惧的气概。它有自我能力的肯定，有超越自我的期待，更有战胜自我的行动。从怎样的行为中看出来呢？

行微：

- 对自己所喜欢的事情敢于突破心理胆怯，不过度顾忌环境和条件的束缚，主动、积极地出击，超越自我。
- 敢于独立承担一项自己想做的、富有挑战的任务，每学期为自己设计一件有挑战性的事情。
- 能够在家长、老师或其他人面前承认自己的错误，说出自己在学习和其他方面的困难、不足。
- 能够独立面对困难，并积极寻找解决办法，富有创新精神。
- 在别人遇到困难时能够一同分担。
- 学会及时排解不良情绪。

"智者无惑，仁者无忧，勇者无惧"，"智、仁、勇"被古人称之为三大德，即三项普遍适用而通达的德行。"智"是智力基础，是知识与经验运用于实践的表现；"仁"是德性基础，保证实践活动按照合乎人类共同利益的目标前进；"勇"是动力基础，是确保正当性目标得以实现的支持性条件。因此，我们所谓的勇者不是单方面的，而是三者的结合，仁是根本，智与勇缺一不可。不逃避，去担当，去面对，去想办法解决。人的一生要遇到无数困难，都需要勇敢面对，失去勇气会失去一切。

从以上对责任和勇气的理解来看，我们不难发现，它们都需要从自我出发，为追寻自我实现，敢于突破自我，敢于挑战环境。这是做事之本。

四、落实培养目标的操作性设计

我们带领教师认真研究校训内容"明德至翠，笃行于微"，研究培养目标"明德笃行，自觉自为的阳光少年"，为每个词都赋予了丰富的内涵，持续宣传了半年多，虽然在一些教师的行为中有所渗透，可校训和培养目标仍然没有在广大的范围内，在学生身上，在校园的每一个细节中具体落实。造成这种现象的原因一方面是时间还不够长，积淀还不够，另一方面是没有经验性理论和行动方法论的指导。

依据美国进步主义教育家克伯屈（W. H. Kilpatrick，1871—1965）"共时性学习"的经验性理论和美国社会学家、结构功能主义的代表人物帕森斯（T. Parsons）的"行动性"方法论，我们反思，只有将解读的一条条成分性目标和创造性的综合行动性目标（即具体活动载体）有机地结合，才能使目标内涵清晰，同时又可操作。因为解读的成分性目标是对行动一种属性的概括，脱离行动是不能存在的，它必须也只能从综合行动性目标中去体现。

克伯屈的"共时性学习"（三种学习——技能的正学习、知识的副学习、所伴随的态度和理想的副学习并存）对将"做"摆在第一位的重要性进行了清晰的、生动的经验描述，帕森斯的"分析成分"概念阐述了知识、价值观、品质、智力等分析成分必须在综合的行动即"做"中获得。课堂教学和各项活动的开展就是一种"做"，一种综合的行动。

（一）学科教学活动设计

我们首先从学科教学入手，从"学生健康自我"出发，将"明德笃行"融入师生日常课堂教学之中，在教学内容选择和教学方式确定上提出"适度与个性共进"、"情趣与价值共生"。我们还研究出台了绿色课堂的研究框架，更为具体和准确地分析、定位成分性目标，努力将它转化为每一节课的综合行动性目标。课堂教学环节和教学措施设计的基本内容可以将分析成分性目标转化为综合行动性目标。一是将学生的实际需要、教材的特点、课标和考试的要求三者结合，确定教学目标；二是对这个"转化"进行设计。其研究框架如下表所示。

翠微小学绿色课堂教学原则

绿色课堂教学原则：适度　个性　情趣　价值		
立足"健康自我"　贯穿"明德笃行"		
研究要素	要素说明	注意点
	明德（教学理念）	笃行（策略方法）	
氛围和谐	1. 关爱所有学生 2. 公平对待学生 3. 理解、信任学生 4. 师生、生生彼此尊重、友好	1. 给每个学生相应的机会和帮助 2. 学生主动投入，没有言行伤害 3. 给每个学生合适的评价和关心 4. 师生写字、读书、交流等言行规范，有精气神，大方自信	言行的分寸感 态势的自然感 心理的安全感 精神的投入度
目标适度	1. 在目标设计中向所有学生的最大发展负责 2. 在目标设计中尊重学生的个性差异 3. 在目标设计中追求专业水平的精进	1. 教学目标要处于学生"最近发展区" 2. 根据学生差异，制定弹性教育目标 3. 教学目标的制定要反映教材特点和学生学情，体现课标精神 4. 教学目标蕴含于各教学环节中，并体现于多层次、多方式的课堂反馈	基础性 发展性 个性化

绿色课堂教学原则：适度　个性　情趣　价值			
立足"健康自我"　贯穿"明德笃行"			
研究要素	要素说明		注意点
	明德（教学理念）	笃行（策略方法）	
资源适度	1. 在资源选择中为所有学生的最大可持续发展负责 2. 追求教材研读和新资源引入上的持续精进 3. 在资源选择中追求精细化	1. 深入研读教材，充分挖掘教材资源，对教材有深刻见解，并能恰当取舍 2. 教学资源可供各层次学生参与学习，适量、适度、适机地拓展学习空间 3. 对各方输出的信息加以梳理、归纳、综合，提升各层次学生的认知水平 4. 学生能够根据要求选择资源、分享资源，有取舍资源的意识和能力	筛选，达到价值最大化（基础与发展） 设计，达到运用最大化（全面与全体）
活动适度	1. 对所有学生通过活动获得的可持续发展负责 2. 关心所有学生的活动体验和收获 3. 追求课堂活动设计的精细化与精进	1. 创设恰当的教学情境，引导学生互动交往，调动每位学生参与学习 2. 关注学生的需求状态，重视活动的过程和体验，使各类学生在互动交往中主动、愉快、深入地沉浸于学科活动中 3. 在活动中把握时机、积极引导，注意规律性探究和方法的获得 4. 独立思考、操作练习与交往互动有机交错和融合	面向全体积极参与深度思维有效实践

研究要素	要素说明		注意点
	明德（教学理念）	笃行（策略方法）	
评价适度	1. 在以评价引领学生可持续发展上追求精进并对学生负责 2. 公正评价每位学生 3. 关心所有学生的被评价体验 4. 宽容学生的细微错失	1. 关注学生的大部分，注意他们的学习共性，努力提升整体学习水平 2. 关注有特殊需要的学生，与个性学习有机结合，促进学生有效、愉快地学习 3. 根据学科知识掌握和能力培养的要求，帮助学生掌握一定的方法，引发学生深入学习 4. 多方评价，多元评价，促进学生潜能和兴趣的发现和发展	结合学科目标 结合具体学生 有层次和针对性 促进发现与发展
练习适度	1. 对所有学生通过练习获得的可持续发展负责 2. 追求作业设计的精细化与精进 3. 尊重学生的正当闲暇	1. 注意学科知识的基础性，发挥其验证教学目标是否达成的监测功能 2. 注意基础知识的运用，与能力发展的实践性有机结合 3. 兼顾不同层次的学生，练习能富有针对性，处理好质与量的关系 4. 注意练习的外在情趣与内在学科价值有机结合，注意积极的情感体验	积累与实践有机结合 应试与素质有机结合

表头上方：
绿色课堂教学原则：适度　个性　情趣　价值

立足"健康自我"　贯穿"明德笃行"

这些标准或者说是成分性目标如何在课堂教学中转化为综合行动性目标的呢？每位老师可以选择其中的一个研究要素，以此为原点，辐射、带动其他要素的研究。如可以从"资源适度"出发，将"明德"与"资源适度"教学理念联系，将"笃行"与"资源适度"具体策略方法联系，综合考虑资源利用的和谐氛围、资源选择的适度目标、资源运用是否转化为适度练习、资源选择的适度评价等。

立足"健康自我"，构建"绿色课堂"，贯穿"明德笃行"，准确分析和定位成分性目标，自然贴切地将其在课堂教学中转化为综合行动性目标。翠微的绿色课堂理念得到了教师的价值认同和行为追随，相信深入持久的研究和实践，将使翠微的"绿色课堂"成为师生体现自我价值、幸福成长的地方。

（二）教育实践活动设计

我们从"学生健康自我"出发，将"明德笃行"融入师生日常校园生活之中。我们常常依据学生的特点策划操作，通过活动让学生体验，让他们在体验中激发内在的情感、兴趣，在体验中升华自己的认知、品质。

如前面提到的学生"六德"，有具体、准确的成分性目标，要转化为综合行动性目标，我们需要调研、筛选、精心设计学生的活动，做到"适度与个性共进"、"情趣与价值共生"，促进学生"明德笃行"，发展"健康自我"。

如每年我们都要精心设计"国际艺术交流"活动方案。查阅和了解交流国家的资料，充分发动学生对礼仪规范、衣食住行、交流细节中的要求等提建议，引发学生的自主、自觉，将"六德"的具体要求巧妙地融入各活动的细节中。各社团在活动中跨越了年龄、班级的界限，团员来自不同家庭，有着不同的性格；在对外演出交流时，又会遇到不同年龄、不同肤色、不同国籍的人，学生在反复排练、演出中需要协调、沟通、合作，培养了团队精神。一次次活动强化了学生的责任与担当，道具的准备，上下场的交接，舞台上的展示，都要周密安排，细致入微，做到对自己负责，对团队负责，对观众负责；一次次活动培养了学生的坚韧与毅力，一个曲目，一个小节，一个动作，一个表情，都要严格要求，不怕辛苦，反复练习，挑战困难，超越自我，展示精彩；一次次活动增强了学生的勇气与自信，胆小害怕、畏首畏尾逐渐消除，他们表现自我，展示自我，充满阳光；一次次活动凸显了学生的个性与创新，他们才情与特长齐飞，自由与浪漫一色。丰富多彩的教育实践活动激发学生的智慧，荡涤学生的心灵，完美学生的人格。

如此看来，再宏大的办学目标，都要在学科教学和教育实践活动中，对其进行有层次的成分性目标的准确分析和定位，再将成分性目标有机融入一系列具体活动中，展开"共时性学习"，这样，我们的办学目标才能真正落地生根。

这也是在行动中进行的一种"嵌入式学习"。一方面，嵌入有效行动中的"明德笃行"、"健康自我"的理念、思路和方法，因为与行动一致，并同时呈现，具有直观性，因而会显得更为明晰；另一方面，在有效行动中嵌入的"明德笃行"、"健康自我"的理念、思路和方法，因为得到不断的充实和辨析，会变得更加稳定而明确。更重要的是，行动的成功能够直接体现学习的实际价值，让学生体会到知识和技能、情感价值观的力量和意义，体会到自身的力量和意义。

"嵌入式学习"就是在行动中因需要而学，还原学习的实际价值，还原学习的问题情境和思想方法；"嵌入式学习"就是经历知识和技能的获得过程、价值观与情感的体验过程和验证过程，使学生真正成为"明德笃行，自觉自为的阳光少年"，成为一个完整健康的人、一个自我发展的人。

参考文献：

克里希那穆提. 2008. 你就是世界：Ⅱ [M]. 孙芳，译. 海口：海南出版社.

让"五自"目标发自
学生的内心需要

一所学校教育理念的形成是基于对学校历史传统的梳理，更依赖于对教育的正确理解和认识，同时还有对学校未来发展的准确定位和展望。有怎样的教育理念，就会产生怎样的教育行为。在整个办学理念和实践体系中有一个非常关键的内容——学生培养目标。学生培养目标是学校办学的总纲和灵魂，有了这个灵魂，学校的教育内容和一切教育行为才有依据，学校办学的效益才会在学生身上得以体现。

一、从幸福教育中走出的"五自"

（一）从海燕精神中诞生的幸福教育

丰台五小的前身是 1951 年创建的一所工农子弟小学。60 多年来，丰台五小始终在改革与坚守中不断前行。从主抓教学，提高办学质量，到探索"全面育人"，追求为学生打造幸福童年，再到今天实践"幸福教育"，学校始终坚持着一种精神，就是不断追求的海燕精神！这种特有的学校精神支撑着丰台五小走过了 60 多年，也必将伴随它从现在走向美好的未来。海燕精神就是为了孩子们的幸福而奋斗拼搏的精神，后文中提出的"幸福教育"的四个实践特征就具体体现了海燕精神。

在 20 世纪五六十年代，五小的创业者凭着对教育事业的无限忠诚和对祖国建设高度负责的精神，以"抓课堂，一切为了学生"为出发点，创建了每周进行教学研究的制度，为学生的成才倾注了全部心血。当时所有的未婚教师都住在学校，自发的教学研究几乎每天晚上都在进行。许多老师为提高学生成绩，给学生补课到深夜，累得睡觉时连鞋都顾不上脱。老一辈五小人，为五小办学质量的提升和学生的成长做出了巨大的贡献。

改革开放时期，学校开展校园文化建设，将干部和教师积极进取、努力拼搏的精神与高尔基笔下的海燕形象结合起来，提炼出了以"拼搏向上"为特征的海燕精神。海燕作为精神象征，逐渐成为学校的文化符号。学校形成了"课堂教学高效益，育人环境创一流，课外活动有特色"的二十一字办学理念，初步形成了学校特色。

新课程改革时期，"高扬主体旗帜，让每个学生成为学习的主人"成为五小课改的方向。在积极推进素质教育的进程中，学校把前面所提出的二十一字办学理念扩展为"管理民主化、教育科学化、生活多样化、设施现代化"的"四化"办学目标，凸显学校教育的民主、科学、人性化和条件保障，确立了"以人为本，给教师一个发展的空间；全面育人，给学生一个幸福的童年"的办学思想。海燕精神的核心由"拼搏向上"深化为"追求卓越"。

2007 年起，学校通过自我诊断，挖掘历史优势，梳理不同历史时期的办学精髓，明晰宝贵的文化基础，把追求人的幸福作为价值取向，把传承和创新学校深厚的文化底蕴作为工作重心，将学校承载的社会责任和学校发展现状相结合，反复研讨，召开不同层次、不同视角的研讨会、座谈会，整合教师、家长、相关专家和各级领导以及社会人士对学校办学特色的认识及对幸福教育的理解，于 2009 年 5 月明确提出了"精彩天地、幸福摇篮"的办学总目标。

在新时期，海燕精神也有了她新的内涵和意义。海燕从不畏惧未知的前方和大海的风浪，这就如五小教职工齐心协力，不辞辛苦，探索出一条不同于以往的教育教学之路。在这条路上，充满了很多未知的困难和险阻，为了每个孩子光明的未来，五小老师不辞辛劳地探索着各种行之有效的解决之道，与学校共同发展，和孩子一起成长。在课堂上，老师根据当下学生的特点，对以往的教学方法进行改良；在课下，老师们和教学领导一起探讨这些新方法的利弊，持续改进，以求达到最好的教学效果。这其中往往会遇到学生的不配合、家长的不理解，但老师们并无怨言，而是迎难而上，积极寻求解决的办法。校领导也以身作则，鼓励老师们创新思考，自主学习，提供更多的机会让老师们施展拳脚。五小的学生们，更是在老师的引导和鼓励下，加深了对海燕精神的认识，培养起了自主、自律、自信、自强、自豪的品质。在学习中遇到困难，不再轻易放弃；练习兴趣特长时，处理好时间安排，不影响其他工作；处理小伙伴之间的矛盾时，先找自己的错误，为别人着想。海燕精神在新的时期，不仅蕴含着之前的核心价值——自强不息，勇往直前，更有了新的诠释，即追求自我主动发展的幸福，追求合作探究的快乐。

"五自"即自主、自律、自信、自强、自豪这五种品质，它是实现"幸福教育"必要、可靠的途径。构造"精彩天地、幸福摇篮"是五小的办学目标，即实现幸福教育，让学生在学校中不仅可以学到知识，更重要的是可以认识自我，学会学习，感知幸福，奉献他人。五小将"五自"作为学生打开幸福大门的金钥匙，借助小而实的德育，营造感恩赏识、自主自信、幸福快乐的校园文化，从而培养学生善于感知幸福、不懈追求幸福、勇于创造幸福、乐于分享幸福的精神与能力。在实践中，"幸福教育"也给予了"五自"新的升华。"五自"不再是仅仅实现自我价值的方式，真正的自信、自豪、自强等品质，是建立在让周围的人同样幸福的基础之上的。自我价值的实现，真善美人生的实现，是要通过爱他人、帮助他人才可以完成的。仅仅实现了自己的独立发展而不对他人友爱，不是真正的自信、自强，而只是狭隘的幸福。

尽管在不同历史时期，学校在办学目标的表述上存在差异，学校工作的侧重点各有不同，但是培养社会所需人才的历史使命始终未变。"幸福教育"就是从培养健康的自我和对社会有用的人的角度进行的思考和实践，既是对 60 多年办学历史的总结提炼，更是对今后学校发展的导航定位。

（二）幸福教育体系中的"五自"

学校教育的价值追求就是育人，育人就是成就人、发展人。基于对 60 多年的育人历程的追溯，我们对幸福有了自己基于实践的理解：幸福是一个人在追求目标时达成的理想状态和内心喜悦的激情。作为基础教育中的小学，要突出基础性，关注到每一个学生，这是我们小学教育的职责。我们的任务是为孩子一生的幸福奠基，不仅要使他今天享受幸福生活，更要为他明天走向社会幸福生活奠基。

1. 办学理念：幸福教育

（1）幸福教育理念及核心价值观

① 学校教育的最终目的不仅是为了每位学生今天的幸福，更是为他

们的未来幸福打基础。

② 学校始终要立足培养能够为自己创造幸福，也能够为其他人、为社会带来幸福的人。

③ 幸福是人生的终极追求，也是学校对学生的最大关照。

（2）幸福教育的实践特点

我们把幸福教育归纳为激扬自我、共建关爱、创造精彩、自觉奉献四个密不可分的要素。我们认为幸福教育过程中只有体现这四方面的特点，才会使学生学会人生怎样选择、幸福怎样获得，从而为其今后的人生打下坚实的基础。

激扬自我是起点。幸福不仅是个人体验，也是个人创造的结果。幸福教育要发现学生成长中的需要，激励学生创造幸福的愿望，挖掘学生潜能，促进其发挥个人优势，展现富有激情的"我"。

共建关爱是基础。个人价值的实现需要他人的帮助，学校要建立共享、互助、支持的学习环境，帮助个人实现价值。

创造精彩是途径。在学校生活中每个人都要不断发展自我、提升自我、展现自我、完善自我，为个人和集体创造精彩，获得幸福体验。

自觉奉献是标志。幸福是学生创造的结果，也是自觉奉献的结果，幸福教育的一切努力都是以自己和他人的幸福为目的。我们的幸福不是只有获取，更多的是奉献；不是坐享其成，而是拼搏奋斗；不只是个人奋斗，还体现在团队的集体奋斗；不仅是精彩瞬间，更包含获得精彩的过程。

（3）幸福教育实践的核心

在幸福教育的实践中，我们认为要紧紧扣住三个核心：

一是价值取向，这是立人之本，是不同的人对幸福理解的根本区分，只有把利己又利他作为人生观、价值观，才能有真正的幸福；

二是实践追求，这是为人之道，是付出的过程，只有实践才能创造未来，只有实践才能发展自我；

三是积极心态，这是处事之情，只有具备积极健康的心态，才能适应客观、改变现状，保持健康向上的人生。

2. 办学目标：精彩天地、幸福摇篮

让学校成为一个幸福的乐园：学生能够身心快乐、健康成长的环境，教师能够身心愉悦工作的氛围，师生创造精彩的天地，师生体验幸福的摇篮。

办学目标的具体解释为：

精彩天地，每一个人的理想和追求获得施展的空间；

幸福摇篮，每一个人在追求理想中提高自信，完善自我，健康快乐；使小学成为积淀幸福能力、获得幸福升华的精彩时期。

3. 学生培养目标：培养具有自主、自律、自信、自强、自豪能力的幸福学生

为什么要提出学生培养目标？目标是学校一切工作的宗旨，决定学校特色的本质和学校系统性的工作关系；目标决定内容，目标确定了，学校工作的内容就有了依据。所以说，目标不确定、不明晰，会导致办学行为的随意性和学校教育的浮躁。

培养目标提出的依据主要有以下几点：社会性要求；学生的发展需要；学校的优势经验；教育思想的发展。

作为一所历史悠久的学校，学生身上必然洋溢着学校独特的文化烙印，学生的学习生活状况必然反映着学校的办学理念。学校办学的独特性最直接的成果就是学生和教师所呈现出的有异于其他学校学生与教师的行为和状态。在 2009 年年初，我校基于学校文化传承和学生身上所具备的特征，提炼出了反映我校学生特点的四个"自"，即自主、自信、自强、自豪。

后来我们又意识到体现学生外显行为的不仅只有这四个"自"，在学生成长过程中的"自我约束"和"自我管理"也很重要，实际上这就是"自律"，而"自律"又是我校 2004 年以来一直开展的"'22 天养成好习惯'学生养成教育课题"所要求的，因此，我们将"四自"丰富为"五自"。

自主：自主学习，自觉参与，自我反思。

自律：自我管理，遵规守纪，承担责任。

自信：悦纳自我，欣赏他人，敢于展现。

自强：克服困难，敢于创新，永不放弃。

自豪：热爱集体，捍卫荣誉，传承美德。

在此基础上，我们又将这"五自"目标进行了细化，见表1。

表1　丰台五小学生"五自"培养目标三级体系（调整前稿）

一级目标	二级目标	三级目标
自主	主动	发现自己的兴趣和特长
		选择恰当的内容学习并展现自己
	独立	自己能做的事，不依赖别人
		遇到问题自己先思考，再去和别人一起研究
自律	负责	主动承担自己能做的事情
		愿意改正自己的不足
	调整	判断自己行为的效果
		提出还能怎样做的方法并加以改进
自信	认识	知道自己的优势，不断总结成功经验
		主动寻求他人对自己的帮助
	计划	确立具体目标
		提出实现目标的做法
		在做的过程中注意不断改进完善
	整合	能发现别人的优点
		基于他人的优点，提出自己的新思考
自强	学习	不断发现生活和学习中的问题，敢于提出问题
		能与他人讨论问题，解决问题
	坚持	对自己学习做事有信心
		在困难面前能想解决办法

一级目标	二级目标	三级目标
自豪	集体	参与或提出实施集体目标的建议
		在实现集体目标的过程中自己付出努力
	奉献	个人利益服从集体利益
		为别人或集体的成绩感到高兴

二、健康自我让"五自"发自学生的内心需要

2011 年 7 月我有幸参加了北京市第二期名校长工作室。名校长工作室围绕学生的健康自我开展研究。研究基于学生个体的终身健康发展，尤其关注学生当下的困惑与难题，从学业能力、人际交往能力、自我打理能力与健康自我的关系几个方面切入。这正是在研究如何培养学生成为具有幸福能力的人。而我校明确提出的"幸福教育"的办学理念，从本质上讲也是要促进学生精神的发育和发展，即希望孩子心灵是民主的、自由的、张扬的，孩子的行为是规范的、严格的、自律的。要实现幸福目标，儿童至少需要具备自主、自律、自信、自强、自豪的素质或品格。因此，我们"五自"学生培养目标的实现过程也是帮助学生获得幸福能力的过程。

通过学习研究我们认识到，当初我们对学生培养目标五个"自"的思考是简单而朴素的，感性的成分更多一些。当初的"五自"作为学生培养目标更多的是关注了学生外显的行为，而忽视了学生内在自我发展的动力；更多关注了我们教育者对学生的外在要求，而缺乏对学生内心需要的真正关照。因此，必须赋予"五自"学生培养目标深刻性和时代性内涵。

（一）让每一个"自"都成为从自我内心出发的愿望

根据健康自我的有关理论，我们认为，自我是人格的核心，是自体的认识者和管理者，也是自体行为的认识者和管理者。我们说的"五自"都

是"自主"行为的不同表现。而健康自我理论认为，自主是行为主体在行为上按自己意愿行事表现出来的自发、主动、自动、探索、投入、坚持、选择、协商和自我调节等特性，是自我的外在特性，也被称为人格特质。自主性的各种表现除自发性以外，都要以自我对自体的了解、认识和调节为基础。也就是说，没有自我为基础的自主行为是外在于自我的行为，是简单服从外在的行为，是不实在的，有可能也是不真实的。

从社会科学看健康自我有以下特点：健康自我是按照目的和意义生活的。健康的自我就是要承认自己的身体和命运的特殊性，并充分发挥自己的特殊性的力量。健康自我对世界持基本信任的态度。健康自我善于创建属于自我的共同体，并在共同体中发展。健康自我有自己的生活，善于安排自己的生活，能够与规定的生活抗争。所以，健康自我中的"自我"不是只强调个人的自我，而是社会性和个体性、社会性和自然性和谐发展的自我。

根据以上认识，我们认真思考了"五自"中的每一个"自"的自我基础，力图将每个"自"的行为都奠定在自我的基础上，使之成为属于学生自己的实实在在的行为。这样也许就能更好地实现我们原初朴素的愿望——让孩子的心灵是民主的、自由的、张扬的，让孩子的行为是规范的、严格的、自律的。这和办学理念中提到的"激扬自我是起点"也正好契合。

考虑到"自我"一词对于小学生有些抽象，我们以"自己"一词代表"自我"。

表2　丰台五小学生"五自"培养目标三级体系（调整后稿）

一级目标	二级目标	三级目标
自主	发现自己	发现自己的特点、兴趣和特长
	主动	选择恰当的内容学习并展现自己
		为了自己的愿望主动协商
	独立	自己能做的事，不依赖别人
		遇到问题自己先思考，再去和别人一起研究

一级目标	二级目标	三级目标
自律	规范自己	理解和遵守社会规范
		根据自己的目标制定自己的规范
	负责	主动承担自己能做的事情
		愿意改正自己的不足
	调整	判断自己行为的效果
		提出还能怎样做的方法并加以改进
自信	相信自己	悦纳自己，对自己的评价略高于现实
	认识	肯定自己的出发点
		知道自己的优势，不断总结成功经验
	计划	确立具体目标
		提出实现目标的做法
		在做的过程中注意不断改进完善
	整合	基于他人的优点，提出自己的新思考
		整合自己方方面面的事情
自强	发展自己	懂得在做事中发展自己
	坚持	能够对自己的目标有信心
		在困难面前能想解决办法
	学习	不断发现生活和学习中的问题，敢于提出问题
		能向他人求教，感谢他人的帮助
自豪	认同自己	能从个人发展和社会奉献两个方面评价自己
	集体	参与或提出实施集体目标的建议
		在实现集体目标的过程中自己付出努力
	奉献	个人利益服从集体利益
		为别人或集体的成绩感到高兴

前面提到的对"五自"的解释也略作调整：

自主发现自己：自主学习，自觉参与，自我反思——有愿望。

自律规范自己：自我管理，遵规守纪，承担责任——有分寸。

自信相信自己：悦纳自我，欣赏他人，敢于展现——有智慧。

自强发展自己：克服困难，敢于创新，永不放弃——有勇气。

自豪认同自己：热爱集体，捍卫荣誉，传承美德——有追求。

这里既强调了对自我的深度关注，又把每一个"自"的落脚点都指向了学生的内心发展，学生培养目标的深刻性明显增强。

（二）关注学生自我的需要

季苹教授在总结"自我"概念时强调：需要是自我的核心。以人为本就是要尊重人的需要，以学生为本就是要尊重学生的需要。而尊重学生的需要，首先要了解学生的需要。自我理论能够帮助我们对学生的需要形成精细化的理解。

小学阶段是孩子们身体发育的阶段，这是他们的需要；由于身体发育带来自我能力的增强，探索世界是他们的需要；离开家庭和同伴交往，理解他人、学会交往是他们的需要；了解大千世界，是他们的需要；发展起主动、勤奋的品质，是他们的需要……这些需要，我们一个都不能忽视，这关系到学生们的未来。

德国心理学家哈特曼认为，自我在发展上独立于本我的本能发展，他称之为自我的自主性发展。在他看来，自我的自主性发展有两种：一是初级自主性发展，二是次级自主性发展。初级自主性是指那些先天的独立于本我的没有冲突的自我机能，这种自我机能一旦从未分化的基质中分化出来，就对环境起着适应的作用。所谓次级自主性，是指从本我的冲突中发展起来，并可以作为健康的适应生活的工具的那些自我机能。哈特曼所认为的自主性中强调了"适应"，适应在实质上是自我的初级自主性和次级自主性相互作用的结果，使自我与环境取得平衡。人类的适应活动总的来说是先使环境适应人的机能，然后人又适应自己创造的环境。另外人还有第三种适应形式，即个体能够对有利于生存的新环境做出选择。他还提出了"整体适应"，实际上是自我的整合机能，这种机能是人类特有的，它使人能衡量各种利弊，比较长远和短期的利益，进行正确的选择。人的自我整合机能说明人类的适应活动并不是被动的，而是一种克服困难、改造环境的能动的活动。

以上内容也启示我们，学生的自主性发展其实就是学生的各种"适应"需要。培养目标中的"五自"，正是将以学生自主性发展为根本的学生需要作为体系要素的。对"五自"培养目标中的每一个方面，我们可以这样理解："自主"关注的是学生发现自己、主动探索的内心需要；"自律"是学生如何规范自己，适应外界社会，进行自身防御的需要；"自信"倾向于学生对自己的优势和不足有准确的认识，相信自己也能信赖他人，是展现和表达自己的需要；"自强"是学生在自我发展中不断与社会、与他人的交往，自身产生积极向上的能量，获得更好的发展的需要；"自豪"是学生在学校集体生活中不断认识自己，发挥自己的作用，追求获得他人认同、归属的需要。这些需要基本关照到了学生自我发展的每个方面。

（三）帮助学生自我的需要得到逐步升华

在需要体系中，人类的第一需要就是对自我各方面的认知需要，它是自我的最强音，也就是前面所说的"自己"。这个需要会以问题、兴趣、优势和期望等各种形式出现。这个需要是人本能的表现，并以此证明了自我的存在。但是我们也发现很多伟大的人物并不仅仅局限于自我的这种需要，他们有人生的远大理想，而且以改变人类的命运为自己的职责。如印度的甘地、我国的毛泽东等伟大的人物，他们心灵的高尚足以使本能在"极限境遇"、"贵人相助"、"推己及人"中重生，形成一种超越本能而又类似本能的需要，这种需要就是一种远大的抱负和理想，是一种对于人类的悲悯情怀。

以上所谈到的"自我需要"是一个由关注自身到关注他人，进而关注社会、关注世界的逐渐升华的过程。需要获得满足，或者说实现自己的愿望，就能获得愉悦的体验，就能产生幸福感。需要的层次越高，幸福感就越强烈。对于学生来说，他们的需要也会在发展的不同阶段和不同环境中呈现出不同特征。从我们培养德、智、体、美全面发展的社会主义建设者和接班人的国家教育目标和要求来看，从对学生个体现阶段的关照和对学生未来负责的角度出发，我们的学校教育都必须去帮助学生获得自我发展需要的不断满足和实现。我们的"五自"培养目标的核心是发展自我，让学生获得幸福的能力，而且这个幸福是一种有一定高尚品质内涵、需要逐渐提升的幸福。也就是说，学生的自我发展需要是在教育者的帮助下逐渐升华和提升的。

积极心理学认为自我幸福感来自自己的优势与美德，通过自己努力获得幸福才会有真正的幸福感受。（塞利格曼，2010）[9]这里涉及的是幸福感的层次问题。

什么是优势和美德呢？积极心理学认为可以从以下六个方面来界定。（塞利格曼，2010）[139]

智慧与知识：好奇心，热爱学习，判断力，创造性，社会智慧，洞察力。

勇气：勇敢，毅力，正直。

仁爱：仁，慈，爱。

正义：公民精神，公平领导力。

节制：自我控制，谨慎，谦虚。

精神卓越：美感，感恩，希望，灵性，宽恕，幽默，热忱。

以上涉及个人产生幸福感的内容，有的直接就是个体自身的优势，更多的则是一种利他、利社会的美德。把这些特征放在健康自我的范畴来审视，不难发现，这些都是一个健康的自我应具有的特征，确实是更高层次的幸福特征。这和我们在幸福教育中谈到的"自觉奉献"的价值观相一致。

幸福的人有一个共同的特点就是利他行为。（塞利格曼，2010）[49]当我们幸福时，我们不会把注意力集中到自己身上，我们会更喜欢别人，甚至愿意与陌生人分享我们的好运。当我们心情低落时，我们不相信别人，变得很内向，并且集中注意力来保卫自己的需求。所以，只有懂得爱自己的人才真正懂得爱别人，这样的奉献是最美的。

亚里士多德也说，"幸福就是合乎德行的现实活动"，这主要指向精神上的高尚追求和实践创造。

人的自由自觉的行为是幸福的人的重要标志之一。所以，我们对幸福的认识高度决定着"五自"内涵的深度，更决定着学生需要的层次。"五自"突出表现了一个人的自我意识和自我监控水平，当我们把正确的人生目标和努力的实践与体验作为自我认识和自我监控的主要内容时，不仅"五自"有了方向，我们的教育目的也有了坚实的内因基础。因此，将"五自"作为学生培养目标，是保证党和国家教育方针得到切实的贯彻和落实的基础。

"五自"目标不仅是让学生在校时感到幸福，更是为孩子未来的幸福能力奠定基础。"五自"的落实可以帮助学生形成正确的幸福观，逐渐升华幸福的需要，培养学生最基本的幸福行为能力，从而使学生具备在将来获取幸福的力量和心理。

（四）"五自"要发展学生的内生力和持续力

学生发展的要求一定要建立在自身要求与社会需求相一致的条件下。

健康自我的理论让我们对幸福教育又有了新的思考。要想实现幸福教育理想，我们应该更加关注学生发展中最为核心的因素——自我发展能力，更要突出对学生的全面自我的分析和认识，我们更明确了要基于每一个学生的全面发展来思考办学目标和学生培养目标。

总之，幸福教育要关注学生的内生性力量、关注学生的持续性力量，而不仅仅是关注教会学生多少知识和当时短暂的愉悦。

内生性力量是什么呢？就是学生从自己的需要和愿望出发，遵从自己的意愿，主动地、自觉自愿地去做事情。自由自觉的社会性行为是其显著标志。我们对自主、自律、自信、自强、自豪的内涵阐释中蕴含着以下特点：

自主——不受他人左右，具有独立的人格；

自律——严格要求自己，适应外部环境；

自信——明确方向，持之以恒；

自强——超越自我，不断追求；

自豪——坚定信念，乐于奉献。

这些都需要发自学生的内心，并需要学生具有发展自己、关照他人的强大力量。

所以说"五自"支撑起了学会幸福、创造幸福的个性条件——学生内因水平，"五自"也在唤醒人性、人格、潜能的方向——社会性价值。

关于持续性力量，我们的理解是，学生在自我发展中，既要努力实现当下的愿望，满足当下的需求，又要有能力为今后长期发展奠定基础。这种持续性发展能力更是健康自我的必要条件。

例如，"自律"这一培养目标最早并不是我们学生培养目标体系中的要素。通过健康自我的学习，我们越发深刻地认识到，自律是自我对社会、对他人要求的适应，也是个体人的真正自由和幸福的标志。回顾学校从 2004 年就开始施行并坚持至今的"22 天培养好习惯"这样的实践过程，我们深切地感受到，学生好习惯的培养是个体进行自律的有效切入点。好的习惯不仅对自己的发展产生影响，更能保证自己的行为符合社会的要求，不会给他人带来不良影响。习惯实际上就是一种自觉的行为表现，好的习惯利己又利他。好的习惯多是以自律为前提的，进而规范自己的行为。大教育家孔子说过："少年居性，习惯之为常。"培根在《论人生》中也明确指出："习惯真是一种顽强而巨大的力量，它可以主宰人生。因此，人自幼年就应该通过教育建立一种良好的习惯。"习惯是由一个人行为的累积而定型的，它决定人的性格，进而决定人生。正如人们的：行动收获习惯；习惯收获性格；性格收获命运。孩子年龄越小，越容易养成良好的习惯，形成的良好习惯也越容易巩固住。所以，小学阶段是一个人习惯培养的关键期。

好习惯的形成过程特别需要学生的自律意识和持之以恒的精神。健康的自我让好习惯成为真正发自内心的属于自己的习惯。我们更要尊重学生身心发展规律，培养学生强烈的参与意识，使其增强敢于进行道德体验的勇气，培养他们为远大理想而奋斗的毅力和高度的自制能力，这样才会使学生在养成好习惯的成功体验中不断前进。好习惯应在学生日常的美好生活中建立。

好习惯对于健康自我的形成是有促进作用的。好习惯帮助我们体验成功，带给人幸福的体验。多一个好习惯，就多一份自信；多一个好习惯，就多一份成功的机会；多一个好习惯，就多一份享受生活的能力。我们认为，这也恰好能帮助学生实现个体的全面和均衡发展，并且促进学生由个体人转化为社会人，达到我校"幸福教育"办学理念下倡导的"培养能够为自己创造幸福，也能够为其他人、为社会带来幸福的人"的目标。所以，我们认为，"五自"的培养，是实现学生健康自我发展的有效途径。

关于"健康自我"的研究为我们"五自"学生培养目标的内涵提供了明确的思考途径，提示我们要更加关注"五自"中"健康自我"如何体现（发现自我、规范自我、相信自我、发展自我、认同自我），更明确了在"五自"上应突出些什么，侧重些什么，使得"五自"培养目标的内容更清晰，能够更好地实施和落实，从而有效提高学生获得幸福的能力。

三、探寻健康自我发展的实施路径

我校以幸福教育为理念，秉持学生身心健康发展的目标，力争使学生形成健康的自我，培养学生追求终生幸福的能力。在培养目标清晰的基础上，学校一切工作都要围绕目标的实现来统筹，制定出框架和规划，并分阶段有重点地加以落实。我们认同这样一种观点，幸福教育是一种人性教育的回归。五小要秉承的幸福教育的理念应该是"幸福教育既是一种教育理想，更是一种教育实践"。我们以六个方面的实践逐步构建起幸福教育实践体系，努力实现"精彩天地、幸福摇篮"的总目标（如下图所示）。

```
                              ┌──────────┐
                              │  幸福教育  │
                              └──────────┘
   ┌──────┬──────┬──────┬──────┬──────┬──────┐
┌──────┐┌──────┐┌──────┐┌──────┐┌──────┐┌──────┐
│和谐一致的││科学民主的││博爱卓越的││自主高效的││个性多样的││民族多元的│
│教育环境 ││管理机制 ││育人团队 ││课堂模式 ││学生实践 ││校本课程 │
└──────┘└──────┘└──────┘└──────┘└──────┘└──────┘
```

丰台五小幸福教育实践体系

幸福教育的实践体系只是一个框架，学生健康自我的真正形成更依赖于与之密切相关的周围环境和人。人性的最高境界是自觉自为。作为世界上最复杂的动物，人的成长绝不同于动物自然生命的生长，需要依托良好的社会性发展条件：提供精神营养、心理环境及教育引导的综合作用，儿童体验吸纳，并自我感悟、内化积淀、成熟成才。

在学校生活中，老师作为重要他人，必须为学生成长提供支持的环境。同时，家庭更是承担着重要的任务，好的母亲、父亲都是学生健康自我发展的重要力量。我们更加注重"五自"目标的具体落实，从与孩子成长密切相关的各个方面展开研究和实践。

例如，在家长影响方面，我们提出：家长要树立一个意识，养成五个习惯，反思几个问题。

一个意识：

让孩子做重要的事情，让孩子做重要的人物，让孩子做设计师。

五个习惯：

坚持和孩子沟通，倾听孩子说话，做亲密的导师；

坚持和孩子锻炼，帮助孩子学会坚持，做严格的教练；

坚持和孩子阅读，让孩子爱上读书，发展兴趣，做快乐的学者；

坚持让孩子自理，教会孩子方法，不包办代替，做细心的指导员；

坚持让孩子创新，鼓励孩子思考、实践，做乐于赏识的支持者。

常问孩子三个问题：

你过得快乐吗？你有困难吗？能说说你的收获吗？

常问自己三个问题：

表扬孩子了吗？让孩子做重要的事了吗？和孩子沟通了吗？

我们组织全体家长共同讨论了实现"五自"目标的具体行为，从而有效帮助孩子落实目标。例如，在落实"自主"目标时家长要做到以下几点。

第一，让孩子发现自己的兴趣和特长。

（1）观察阶段

① 平时多让孩子参加各种集体活动；

② 适当报些课外班；

③ 和孩子一起玩。

（2）发现阶段

① 通过细心观察孩子对待不同事物或不同活动的表现，初步判断孩子的兴趣和特长；

② 就观察结果与孩子沟通，得到孩子认同。

（3）验证阶段

在孩子的兴趣点或特长方面制造些困难，看孩子是否真正有兴趣、有特长。

第二，让孩子学会选择恰当的内容学习并展现自己。

通过验证后，可根据孩子的兴趣或特长帮助孩子选择适合的学习渠道或老师，在不影响兴趣的前提下鼓励孩子参加相关的竞赛或表演。

第三，让孩子学会为了自己的愿望主动协商。

① 学会聆听并体会孩子的感受；

② 在不伤害孩子自尊心的前提下帮助孩子做出正确的决定。

在教师行为改进方面，学校也带领教师研究如何在课堂教学中实现学生培养目标，并归纳出不同年级的有效课堂教学行为。例如，同样是"自主"目标的培养落实，教师要做到以下几点。

第一，让学生发现自己的兴趣和特长。

课堂上，学生在朗读或发言中表现出色的，要及时给予鼓励。在他下次发言时，捕捉发言中的优点，再次及时鼓励，使学生发现自己的兴趣或特长。

例如，在学生发言互动中，捕捉学生在评价或补充方面的优势，鼓励他下次再认真倾听并及时发言。

第二，让学生学会选择恰当的内容学习并展现自己。

① 课堂上，根据学生对知识的掌握情况，可以让学生当小老师，站在老师的角度来进行知识交流。

例如，语文课上，可以请学生选择自己喜欢的段落或语言表达方式来朗读，能够根据角色不断变换各种声音，做各种动作，展示自己。

② 艺术节、运动会、读书月等活动中，让学生选择自己擅长的项目积极参与，并展现自己。

③ 在社团中，组织学生将自己擅长的古诗、歌曲、舞蹈等主动展示给大家。

第三，让学生学会为了自己的愿望主动协商。

① 对班级建设有好的想法或建议，能主动提出，与老师和同学协商，争取实现。例如，学生想要进行好书推荐，鼓励并指导他做好 PPT，与老师协商利用恰当的时间进行展示。

② 课堂学习中，遇到自己喜欢的段落或自己总结出的解题方法，愿意和老师协商能否讲给同学听。

③ 小组学习时，主动表达自己的观点，遇到不同意见，倾听后商量解决和改进。

总之，当我们以学生的健康自我作为教育的目标，并且从"五自"各方面去培养，就找到了学生教育的切入点。这促使我们去关心每一个学生，把学生当成独立的、自主发展的人，去创设教育的环境，从而促进学生的成长。

参考文献：

塞利格曼．2010．真实的幸福［M］．洪兰，译．沈阳：万卷出版公司．

附："五自"学生培养目标模式图

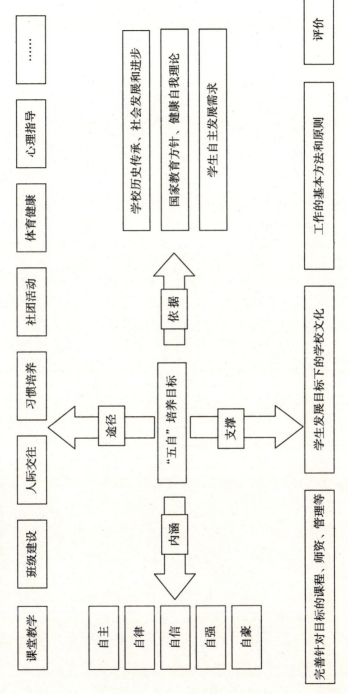

健康自我视角下的生命成长教育

樱花园实验学校　林　辉[1]

---

① 现任首都师范大学附属实验学校校长。

一直以来都认为，一个校长一要能仰望星空，形成自己对教育的思考，做教育的明白人；二要能脚踏实地，寻找实现教育理想的途径，有追求教育理想的路径。仰望星空是思考教育的使命、教育的目的、人性的内涵、学生的未来、教师的幸福，脚踏实地是探索课程、教学、队伍、制度和环境等学校中存在的实际的教育途径的教育意义。然而，星空与大地都如此辽阔，思考只有在聚焦中才能变得具体，实践只有在具体中才能找到途径。

　　我对生命成长的思考发自自己对教育的观察与感慨，发自内心对教育的使命感，更发自自己对生命的感悟。己所不欲勿施于人，自己都不喜欢的教育，不希望自己孩子接受的教育，也不希望自己的学生接受。这种朴素的责任感和情感让"生命成长的教育"萦绕于我的内心，成为自己最核心的内心追求。然而，如同头顶的星空与脚下的大地，生命以及生命的成长同样辽阔，我一直寻找着生命成长的核心与途径。2011年7月，我有幸参加了北京市第二期中小学名校长工作室的学习，第三工作室的研究主题"健康自我"让我找到了核心和途径。

一、健康自我让生命成长的教育思考聚焦和具体

生命成长是一个我们很熟悉又很容易忽略的话题。熟悉，是因为每个人都经历生命成长的过程，每一次的成长都印象深刻；忽略，则指不少教育者在教育中做着做着就忘记了生命的成长。为什么会出现这种现象？可能是因为生命成长的内容太丰富，可能是因为我们当下的生命体验离学生当下的生命体验有距离，更可能的原因是，除了那些极端的生命体验，一般的生命体验都由于停留在感受的层面，而处于一种泛泛的缺乏本质把握的状态，还谈不上对生命成长规律的把握。

事实上，除了对生命成长的理解流于表层，我们对学校教育工作中很多类似问题的理解都是不够深入的。例如，我们都知道，学校教育的目的是培养人，促进学生的发展，当我们谈到学生发展都会提及知识的掌握、能力的提升、人格的发展、品德的形成等，但我们对知识、能力、人格、品德本身的理解也常常处于泛泛的状态，不够深入。教育要做得更好，首先需要我们对很多概念或者提法有更加精细的理解和准确的把握，而这需要我们能够静下心来，深入、聚焦，一点一点地思考。

作为北京市第二期名校长工作室的一员，我对我校的教育目标和学生培养目标进行了梳理，并认识到自我的发展是学生最为核心的发展任务。由此我们展开了对学生自我的研究，并从健康自我的视角重新思考和审视教育，从健康自我的视角去关注学生的生命成长。

既然从健康自我的角度理解生命成长可以更加聚焦和具体，为什么不直接提健康自我，而提生命成长呢？在我们看来，"生命成长"

是发自内心的自我体验，已经在自己的思想中扎了根，对之有了深厚的感情。另外，我们也觉得这个提法生动，所有人一听就知道其重要性。

（一）从健康自我看生命成长的内涵

通过对"自我"的研究，我们知道，自我的核心是需要、机制和自信，生命成长的核心内涵同样如此。

1. 生命成长是学生身心自然成熟的过程

小学和中学是人的身心发育自然成熟的阶段。

在这个阶段，学生的身高在增长，增长过程中可能会因为成长过快出现缺钙、容易骨折的现象，可能会出现贫血，需要我们给予更多的关照。发育的过程恰好是身体的各种机能发展的大好时机。例如，如果我们细心一些，可以让学生锻炼出健壮的四肢和健康的五脏，中医理论认为健壮的双腿能够让全身的气血运行通畅，中国功夫中的扎马步就是练习腿力非常有效的方法。又如，如果我们细心一些，就可以关注到他们对色彩的敏感，并保护和发展这种敏感。

除了身体的成长，还有心理的成长。每个学生都有安全的需要，需要成人的呵护，他们将在呵护中逐渐发展出对世界的信任和面对挫折的勇气与信心，然后在适当的挫折中发展出坚强的自我。每个学生都要在对他人的依恋和爱护中发展情感，发展对他人的爱。

身心发展的过程是一个自然的过程，我们需要具备关于这一过程的基本知识，需要在平时的工作中细心观察，为学生的身心发展尽可能创造条件。

2. 生命成长的核心成分性内容是情感、兴趣、自信、智慧和理想

"成分性内容"和下面将要提到的"具体内容"，是借鉴了季苹教授在分析自我的需要时提到的核心成分性需要和具体需要的分类。

人作为生命体，最为特殊的是拥有丰富的情感。人一出生就得到了父母的悉心关爱，学生从父母那里得到了爱，如果能够在学校教育中也

得到爱，他们就会信任这个世界，以爱来回报这个世界。相反，如果在学校中只有成绩、排名，学生可能还没有走出校门就对社会和未来产生了怀疑和厌恶。

人在生存的需要获得满足之后，除了情感，最需要的就是自由了。自由最重要的体现就是做自己喜欢做的事情。学生拥有各种各样的需要，这些需要只有汇聚到学生自己的兴趣点、兴奋点上，才会成为他们生命成长的动力。阿基米德说："给我一个支点，我可以撬动地球。"如果所有的人都能够做自己喜欢的事情，社会的效率该有多高。然而可惜的是，很多学生到高中毕业选择专业的时候说不出自己喜欢做些什么，甚至很多人老了退休了，仍然不知道自己喜欢做的事情是什么。帮助学生发现他们的兴趣，找到自我，是对学生的最大帮助之一。

自信的人目光永远坚定，脸上永远充满阳光，智慧在阳光下熠熠生辉。相反，没有自信的人，可能原本是很聪明的，但却被压抑、埋没了。自信的生长使生命充满阳光。

智慧，而不是知识，既来源于书本，也来源于丰富的生活；既来源于思考，更来源于真爱。一个拥有丰富生活、丰富情感的人，才可能拥有更多的智慧、更多的创造力。

理想的产生，意味着精神上独立自我的形成，也意味着精神上生命的形成。最美好的理想是情感、兴趣、自信和智慧的结合体。

3. 生命成长的具体内容是体验

体验在本质上是"我"或者说生命与外在世界之间发生了触电般的联系，也就是说，"我"对外在世界有感觉、有感受了。一方面是感受到了外在世界，另一方面是自己能够感受到外在世界了。人的生命就是拓展自己存在的世界的同时，也拓展自己内心的世界。人在体验中，可以仔细分辨出复杂的情感，发现自己有那么丰富的兴趣，而且居然在很多方面有一定的才能，体验让人感受到自己的力量，形成心中的理想。

因此，生命成长就是体验的生长，而体验需要丰富的生活实践和生活空间。

4. 以"人"字形象概述生命成长的内在品质

在聚焦了对生命成长的认识之后，我想更加具体形象地表述这种认识，既然教育是立人的事业，就以"人"字来形象表述吧。

我们理解的学生生命成长有三个维度。

身心健康是基础，似"人"字的底，包括学生健康的体魄、高尚的品德、阳光的心理。它是"人"立起来的基础，也可以说是立人之基、立人之本。其中，高尚的品德最为重要，它包含四个方面：第一，社会信仰方面，做一个富有爱心、坚守诚信、牢记责任的人；第二，行为特征方面，做一个自律慎独、自信健康、敢于创新、自强不息的人；第三，个人品质方面，做一个敢于创新、懂得欣赏、享受生活的人；第四，与他人共处方面，做一个学会感恩、理解他人、善于合作的人。高尚的内在品质，是学生生命成长的支撑。

学业成功是关键，似"人"字的一撇，包括拥有丰富的知识和较强的学习能力、考试成绩优秀、能做到学以致用，这决定了发展的空间。

会与人交往、与人相处、与人合作，会生活，有生活的自理能力，似"人"字的一捺。学生受教育本身不是目的，它只是个人获得幸福的途径和方式。培养学生爱生活、会生活的能力是教育重要的内容和目的。

人学习知识不是为了获得知识所代表的符号，而是为了获得知识背后所隐藏的智慧和文化，实现人生的意义和价值。只有当知识、技术用来服务于人的人格建构和生命完善时，只有当知识的学习和技术的掌握与人精神世界的丰富、意义世界的建立取得一致时，它才具有真正的价值和意义。

（二）从生命成长的内涵看生命成长的教育

其实，这中间还拐了个弯，也就是说，从生命成长的内涵可以理解生命成长的条件，然后，我们要从生命成长的内涵和条件两个方面来看生命成长的教育应该怎么做，就如同工作室在研究自我的时候，要从健康自我的特征和条件来思考教育怎么做一样。为了简洁起见，在此省去了从生命成长的内涵到生命成长的条件的分析，直接谈对生命成长的教育的思考。有了以上对生命成长内涵的聚焦和具体，对生命成长的教育的思考也就自然聚焦和具体了。

1. "立人"即培养学生的健康人格，是学校教育不懈的精神追求

我们所说的"现代教育"，很大程度上是为实现国家现代化目的服务的教育。这种工业化培养的专门人才，拥有的知识是专一化和标准化的，他们能够满足现代国家与公司所要求的效率，这方面的优势是明显的，但其人格的不够健全也同样明显：一无理想，二无个人的情感、兴趣和智慧，不过是能干的"工具"。甚至有人提出，这样的教育培养的是"有知识无智慧，有目标无信仰，有规范无道德，有欲望无理想"的畸形人才。（李政涛，2012）这大概也是人的一种异化吧。

毋庸置疑，我们需要为国家服务的教育，但也应该关注人的健康、全面的发展，关注人文精神的熏陶，关注兴趣和智慧的开发，应培育学生对真、善、美的追求，对彼岸理想世界的向往与追求，对人类、自然、宇宙的关怀。我们在"立人"的基础上，应寻求人的发展和为国家和社会服务二者的统一。

当然，我们一直以来的教育不是没有讲人的发展、人的全面发展，但是，实践中却落实得远远不够。正如国家经济发展也强调五位一体，但是以 GDP 为考核指标的"物质文明"，绑架了其他文明的发展，造成了空气、水、土壤严重污染，食品安全，人情冷漠和不安全感等各种问题。社会呼唤绿色 GDP，习近平总书记也指出不以 GDP 评价政府的工作实绩。不过，我们还需要深入思考：GDP 指标占据统治地位的现象为什么会持续？这首先是 GDP 指标的"硬"与其他指标的"软"的对比造成的，其次可能是其他指标的实现难度过大造成的。

教育同样如此。在所有教育工作中，知识教学和考试的路径相对清晰，而人的培养的路径和方式却相对模糊。健康自我的研究让我们对人

的理解具体化，对生命成长的理解具体化，这样的教育研究非常重要，多多益善。与此相应，知识教学和考核所付出的成本与人的培养相比，自然要高得多。就目前学校教师的工作量看，做到更加细致地培养人，确实很难。

国家已不以 GDP 论英雄，提出了结构调整、改变增长方式的要求。作为教育机构，学校应该及时调整办学策略，回到教育的原点，按规律办事，加大人文教育的力度，让学生成为有思想的人、有人文关怀的人、有责任和能担当的人、有理想的人。

蔡元培先生说："教育者，养成人格之事业也。使仅为灌输知识、练习技能之作用，而不贯之以理想，则是机械之教育，非所以施于人类也。"（钱理群，2008）我们不能停留在以知识、技能教学为主的应试教育层面，而是要用生命成长这样的目标引领老师转变观念，改进教学方式和生活方式，实施真正的素质教育。这些教育理想也许不可能完全达到，"虽不能至"，也要"心向往之"。我们无法改变社会大环境，但在自己的教育范围内，可以努力实践局部达到或不断接近理想的教育。

因此，在学校层面，我们要让教师充分理解人的培养、健康自我发展、生命成长的重要性，将其作为大家永恒的精神追求。

对应以"人"字形象地表述对生命成长的理解，我们以"立人"形象地表述生命成长的教育追求。

怎么"立人"？以文化立人。这实际上是针对现在的教育过于重视具体知识，而忽视知识的由来、意义和背后的方法而言的。具体知识背后的东西才是学生真正要学习的，才是立人所需要的，这些东西就是文化。

2. 领会教育对社会发展的先导作用，还原教育应有之义

教育离不开社会的大环境，但教育却有先导性，在社会发展中起先导作用。例如，20 世纪初"废科举，兴新学"的新式教育，为"五四运动"和新民主主义革命培养了毛泽东等大批无产阶级革命家，推动了整个社会的发展，充分体现了教育的先导性。教育不能只依附于现实社会，要紧紧把握教育的规律，把握育人的利器，为社会培养品格健全、创新发展的人才，为改造社会积淀和输送人才。所以，教育要远离功利、远离浮躁，必须要慢下来、静下来，从教育规律出发，从学生的身心发展规律出发，把学生当作实实在在的人。为了生命成长的教育，不是仅仅为了知识、为了分数、为了升学的教育，后者是违背规律、违背人性的。国家、民族、社会发展的需要，期待我们将教育着眼于未来，注重学生的生命成长。因此，才有"国家民族的希望在教育"一说。一位教育家说："我们留什么样的世界给后代，关键取决于我们留什么样的后代给世界，这取决于我们的教育。"（钱理群，2012）

教育的根本目的是培养人，教育工作者的工作方式应该是人性化的，应该细心关爱学生内心世界和生命成长的需要。只有教育还原应有的本质、应有的方式，才能创造学生生命成长的教育环境。

3. 拓宽生命成长的视野，给学生生活的空间

当前应试教育的阴影不仅笼罩中学，而且有蔓延到小学甚至幼儿园的趋势，实在令人担忧。学生只有教育空间，没有生活空间，更没有生命空间，他们眼里、脑里、心里只有知识，没有生活和生命，他们的发展是不健康的，也是不健全的。鲁迅散文中美好的"百草园"都被单调的"三味书屋"取代了，这不是我理解的教育，我相信也不是大家期望的教育。作为社会的一员，我们可能很难改变大环境，但我们可以基于自己对教育的理解、对现实的思考和对生活的感悟，努力去构建理想中的教育，践行真正的教育。我们必须拓宽生命成长的视野，给学生应有的生活空间。

4. 生命成长不仅仅是关注学生，教师的生命成长同样重要

学生的生命成长需要"重要他人"。在学校，教师就是学生的重要他人，教师的言行举止、生活态度、道德品行都对学生产生着深刻的影响。因此，要让学生的生命健康成长，首先要关注教师的生命是否健康。

教育实践告诉我们，没有教师生命质量的提升，就很难有学校教育质量的提升；没有教师思想的解放，就很难有学生精神的解放；没有教师的主动发展，就很难有学生的生动活泼；没有教师的教育创造，就很难有学生的创新精神。

教师应树立这样一种信念：每个教师都应该是教育幸福的创造者和享受者。

5. 生命的激扬是教师最幸福的价值追求

教育的本质就是将学生内心深处的善良、智慧等最美好的人性因子激发出来，加以培育和升华。教育的目的是最大限度地开发人的生命潜能，教育不应是对生命的控制，而应是对生命的激扬。这些需要老师们去领悟、去实施。

（1）唤醒生命教育的意识

针对学校教育中普遍存在的重视学科知识传授和技能训练，轻视学生个体生命多方面发展的弊病，我们在思考学校办学的教育价值时强调生命成长，使每一个教师都强烈地意识到，教师工作直接面对的是生命，这是人类最宝贵的财富。中小学生处于生命中成长最快、最富学习可能的重要时期，这一阶段的教育价值与影响力将远远超出本阶段而延续到终身。教育中还有什么东西的价值比学生生命成长的价值更为重要呢？教师心中不仅要有人，而且要有整体的人，处处从发展的角度去关注人，做好自己的教育教学工作。

（2）提升生命成长教育的能力

通常，由于各种原因，老师们更加重视的是自己学科专业知识和技能的提升，而生命成长的教育要求教师具有生命成长教育的能力。这种能力，最基本的就是理解人、理解自我、理解生命的能力，要勤奋地体察自我和观察学生，要学习相关的关于人的发展的专业知识，要将学生自我发展的问题作为自己工作中重要的而不是可以忽视的内容，要学会将学生生命成长的教育与课堂教学、课程设计和班级生活等结合起来。

（三）从生命成长的教育思考到生命成长的办学思考

对教育的思考需要通过相应的有效措施落实，要做到这一点，首先要将教育思考转化为办学思考。

以对生命成长和生命成长教育的理解为基础，我们明晰了"三个提升"带动"三个转变"的办学思路和"追求传承文化，践行生命成长"的办学理念。

1. "三个提升"绘制出学校的"人"字办学思路

基于我们的教育使命，为了实现学生的生命成长，我们提出了"三个提升"：

提升一所学校，首先要提升学校的校园精神，理解教育的使命是文化立人；

提升一个教师，首先要提升教师的价值追求，领会教育的价值是激扬生命；

提升一个学生，首先要提升学生的人生追求，明晰学习的意义是人的成长。

我们以"三个提升"为指导，带动学校的"三个转变"，提升师生的生命质量。

我们将这"三个提升"也用"人"字来表达，以表明学校办学思路与"立人"目标的一致性。第一个提升即学校校园精神的提升是"人"字的基础，第三个提升即学生的提升是"人"字的一撇，第二个提升即教师的提升作为"人"字的一捺，支撑着学生提升的一撇。

2. 三个转变

为了实现"三个提升"，需要进行"三个转变"，这样可以更有针对性，明确起点和实现目标的路径。

（1）学校从规范管理向文化立校转变

应从立人的高度，以文化的引领统筹学校的发展。这里的"文化"是指课堂上所学具体知识背后的东西，包括科学的思维方式、正确的价值取向、符合社会文明进步的行为习惯、高雅的审美情趣。这些才是融入学生身心，流淌在他们的血液里，影响其思维、行为的根本。应该贯彻这一根本，组织教育教学活动，实现跳出成绩看成绩、不为成绩却最终能赢得成绩的教育效果。

（2）教师从传递知识向传承文化转变

教师是文化的传承者，传授的对象是活生生的生命、活生生的人。眼中有人的教育，不仅要传递知识，更重要的是传承思想、智慧和情感。要让学生在获取知识的同时获得知识背后所蕴含的智慧和文化，让学生在经历知识获得的过程中，体验文化给人带来的生命尊严。

（3）学生从学业成功向人的成长转变

从关注"物"的知识的获取、能力的提升、成绩的优秀和学以致用，到关注"人"的发展，走向对真、善、美的追求，对彼岸理想世界的向往与想象，对人类、自然、宇宙的大关怀。

3. "追求传承文化，践行生命成长"的办学理念

将以上办学思路进一步浓缩，就提出了这一办学理念。

这里的生命成长既指学生的生命成长，也指教师的生命成长，同时也包括了两者之间的关系。学生的生命成长是学校教育的宗旨和目的，也是学生自觉追求的目标。学校不仅关注学生的生命成长，也关爱教师的生命成长。只有教师的生命健康成长，学生的生命才可能健康成长。教师要将激扬学生生命作为自己的价值追求。在当前教育片面重视知识和考试的现实面前，真正在实践和行为上落实对生命成长的精神追求，是一件非常不容易的事情，需要勇气和智慧，因此，特别强调"践行"。

践行生命成长教育的阻力来自片面重视知识和考试，因此，要在实践层面"追求传承文化"，不要讲死的知识，要还原知识的形成过程、意义和方法，还原知识背后的精神和智慧，还原知识的生命活力，这样，才能为学生的生命成长提供空间，教师也才能具有生命成长教育的能力。

二、生命成长教育的实践途径

生命成长的教育思考要落实在教育行为上，就要认真思考学校教育的各种途径与生命成长教育的对应关系，然后具体化。学校教育的途径从总体上说就是由课程和教学纵横两个面构成的立体结构。课程是学生学习的"跑道"，由各种学科和活动构成，学科和活动远看就像点，课程是很多点构成的面；教学是过程，是这些点构成的面的运动过程，这是一个动态的建构过程，建构者是学校管理者、教师和学生。其中，教师作为学生的重要他人，起着关键性的作用，具有主导地位，但"跑道"上的主角是学生，他们具有主动性和创造性。这里我们主要谈课程和教学构成的这个立体结构中的三个要素：课堂教学、校本课程和活动（活动是课程的一部分，但考虑其特殊性，故而单列）。

（一）建设体验的课堂

前面提到，生命成长的具体内容是体验。

没有体验的学习不是真实的学习。没有体验就没有理解，体验是理解的基础。体验的过程是自我卷入的过程，是自我的历史、经验或者感受及情感卷入的过程。"是的，我真的有过（有了）这样的感受"，只有当学生发出这样的感慨的时候，他们才有了体验，有了理解的基础。自我卷入、体验和理解是一体的。体验发展的过程就是自我发展的过程。当学生有了新的体验，如"我发现了舞蹈的美"、"我理解万有引力定律的伟大了"，意味着学生的自我在成长、生命在成长。

课堂教学是教师和学生共有的人生中的重要生命经历，是他们个体生命的有意义的构成部分。每一个热爱学生和自己的生命、生活的教师，都不应轻视作为本人生命实践组成部分的课堂教学，由此而自觉地上好每一节课，使每一节课都能得到生命的满足。

1. 体验让教师的生命充满活力

要建设有体验的课堂，教师首先要有体验。

首先，教师的体验应当发生在从传递知识向传承文化转变的过程中。教师是文化传承者，不仅要传递知识，更重要的是传承思想、智慧、情感。传承本身不是简单的复制，需要一种心灵的感悟。教师要让学生在获取知识的同时获得知识背后所隐藏的智慧和文化，让学生在经历知识获得的过程中，体验文化给人带来的生命尊严。为此，教师要对本专业的知识有更深的理解与认识。它不可以是片段的，抑或支离破碎的，而应是整体的对知识的意义价值、知识背后的方法的体验和理解，甚至需要返回到知识产生的那个时候去体会知识形成的过程。只有有了这样的基础，教师才能根据学生的需要自由抽取知识中的相应内容，并以恰当合理的方式让学生加以体悟、感受、思考、交流，获取具有活性的知识。

其次，教师必须从学生的体验出发思考问题，改变对课堂学习的看法。学生的真正需求是什么？让学生体验什么？如何设计教学使学生获得价值性体验？这些问题迫使教师重新审视自己，回到当下的教学中，发现不足以及存在的问题。同时，体验让教师不得不将自己的视线从知识转向学生，并具体到每一个学生及每一个学生的当下，从而为生命在课堂中的敞开提供可能性。思则变，变则活。阅读书籍就成为教师的一种迫切需要。教师专业素养的提升有助于教师幸福指数的提升。这是因为，如果一个教师的专业素养比较高，在工作中举重若轻、游刃有余、愉快胜任，他就能感受到工作的乐趣，他就有着更高的效能感，变得越来越自信。

最后，教师还应以一种平和的教育智慧体谅学生暂时的落后，用发展的眼光、爱的情感相信学生日后的优秀并给其以信心。对学生表示尊重和信任，实际上是对学生品德、才华、能力的承认，是对其存在价值和意义的肯定。一个人如果能够得到别人的尊重和信任，就会增强前进的信心，获得前进的动力，从而自觉地向着更高的目标发展。

实践告诉我们：无论什么样的学生，其内心深处都有一种希望他人理解自己的需要及对真、善、美的追求，对彼岸理想世界的向往与想象，对人类、自然、宇宙的大关怀。可见，教师对学生的爱是一种强大的教育力量。

2. 体验使学生生命成长的空间无限延伸

体验学习的过程突出了学生的主体性，要最大限度地调动学生各种感官。学生在教师的发展中成长，教师在学生的成长中发展，课堂才能真正生命化。由此，学校的生命力才更加旺盛。

任何新知识都是因为某种需要而产生，或者因为某种需要，要将原有知识进行延伸和发展。所以，任何新知识都有它的发生、形成和发展过程。教学中，如果压缩掉这个过程，就知识教知识，那么学生只能得到零散的、孤立的知识，只知其然，而不知其所以然，只能是知识的简单积累，而不能使学生原有的知识得到扩充和改造。传统的教学往往是"重结果而轻过程"，其弊端之一是割裂了学习知识与发展智慧、能力的内在联系。

要积累学生对于知识的发现的体验，并以此作为教学的起点。只有还原知识的生命活力，才能实现生命化课堂，这是教师要做的事情。还原知识的生命活力，就是要在知识的相关事实中，即在知识与生活的联系中，还原知识的意义、知识的方法，让知识变成活的知识。经过基础还原和具体还原的知识，还可以帮助我们认识到"教什么知识"的深刻性、影响的深远性以及所涉及的具体问题的丰富性。

知识的再现与还原，使得学生有了"亲切的感受力"的体验，这时知识不再陌生，它引起学生的好奇、想象、尝试。学生有着自我的新发现等各种体验，这种体验与已有的知识、经验摩擦产生思想的火花。这种火花即"见解"。"矛盾的冲突及矛盾解决"使学生对知识的理解与记忆非常深刻，从而实现了对话。

为此，教师在课堂教学中，要围绕核心概念设计体验活动展开教学，分析要让学生经历什么过程，有哪些要体验，会得到怎样的发展。教师要充分挖掘教材中的探究因素、创造因素、科学方法因素、情感态度价值观因素、操作技能因素、能力培养因素等，然后针对所教学生的特点、独特的生命经历和智慧类型，换位思考并分析学生可能会出现的问题。体验中，学生通过想象、移情、神思、感悟等多种心理活动的交融、撞击，激活已有经验，并产生新的经验。最后，又使经验内化为自我的感悟，使感悟到的东西成为个性化的知识经验。无疑，这延展了学生生命成长的空间。

（二）构建适合生命成长的多样化的校本课程体系

前面提到学生的兴趣点是阿基米德所说的"支点"，学生学习的过程就是在不断寻找"支点"的过程。学校一方面应该创设条件和平台让学生选择，但更重要的是让学生在体验中寻找到自我发展的需要点，获得成长的"支点"，找到自我发展的动力。

美国心理学家霍华德·加德纳提出的多元智能理论告诉我们，教育要从孩子的强项智能引导，令他们有成就感而达到自我悦纳、自我肯定、自我实现。教育的起点不在于孩子原来有多聪明，而是要通过教育发现学生的潜能，并使其在某些有潜能的方面更聪明。课程就是学生发现自己潜能的跑道和舞台。为学生提供更多的选择性，才能使学生在课程的学习和体验中，发现自己和发展自己，实现生命成长。

有了需要，还必须有实现需要的机制，正如有了支点还需要杠杆一样。机制中关键是能力。课程要为学生提供变得更聪明的营养"产品"，也就是要提供丰富的课程资源即丰富的教育教学活动，这些活动，或者更开阔地说这些"生活"，会孕育出学生的能力。活动的过程就是前面提到的课堂教学过程，这个课堂可以在教室里，也可以在其他任何一个地方，它是能力培养的主渠道。所以要聚焦课堂，聚焦教学过程，培养能力，构建机制，实现学生的生命成长。失去对这个过程的把握，课程的实施就落空了。

由于学生需要、潜能和兴趣的丰富性，学校要尽可能挖掘可利用的资源（教师资源、社区资源、环境资源等），发挥教师潜力，开发校本课程，满足学生个性发展的需求，形成国家、地方、校本等互为补充的多元化课程结构，为学生创设成功的体验、成长的环境，同时为教师施展才华搭建平台。

在"追求传承文化，践行生命成长"理念的引领下，目前，我校建设形成了四大类课程，以培养身心健康、品德健全、学业成功的樱花学子。

身心健康类课程——让学生养成终身运动的习惯，形成健美的体魄、坚强的意志力、协作的团队精神。

社会实践类课程——使学生成为社会人，学会认知、做事、合作和生存，培养学生服务社会、服务他人的意识和能力。

科学素养类课程——让学生掌握丰富的科学知识、科学方法，提高学生分析问题和解决问题的能力，培养学生的科学能力、科学意识、科学素养。

文化素养类课程——以阅读为载体，奠定学生的文化底蕴，提升学生的艺术鉴赏力和创造力。

（三）开展有利于生命成长的丰富多彩的活动

基于活动课程化的思考，学校初步构建了三个活动系列——仪式文化活动、兴趣文化活动和节日文化活动，寓教于乐，让活动丰富学生的生活，让学习生活化。

比如，学校开展了"三二一"系列社会实践活动，即一年中走进三个展馆，组织两次社会实践，开展一次展示活动。在活动中，学生的体能得到锻炼，拼搏进取的精神得到锻造，学生在真实的实践中张扬生命的活力。

三个展馆：组织学生参观电影博物馆、公共安全馆、农展馆等。

两次实践活动：组织学生开展"公益活动进社区"，让学生看到自己与社会需要之间的差距，以实践体验提升学生服务社会的责任感；远足参观海棠花溪，滋养润泽学生的身心，激发学生对自然、对生活的热爱。

一次展示：小展台、大舞台；小操场、大乐园。学校每年开展艺术节、运动会等，使学生的特长与个性得以充分展示和发展。

参考文献：

李政涛.2012.没有灵魂的教育［EB/OL］（2012 –03 –02）［2013 –08 –22］.http：//www. aisixiang. com/data/50782. html.

钱理群.2008.我的教师梦［M］.上海：华东师范大学出版社：84.

钱理群.2012.中国教育的血肉人生［M］.桂林：漓江出版社：51.

以健康自我构建育心教育的学生培养目标

育翔小学　胡晓峰

2011 年以来，在参与名校长工作室的课题研究中，李烈校长和季苹教授主持的"学生健康自我发展能力培养"的研究，引发了我们从人的发展的角度来思考学生的发展。为此，我们在健康自我理论的指导下，重新思考、梳理我们的办学理念。

一、从育翔小学历史中走出来的育心教育

育心教育源自育翔小学的历史，是一步一步发展过来的，有着深刻的历史原因。

（一）从"严谨治学、质量至上"到"以人为本、严谨治学、和谐发展"

育翔小学于 1954 年建校，建校之初是寄宿制空军子弟小学，校名也因此而来。1964 年归为地方学校。育翔小学在"严谨治学、质量至上"目标的引领下，在始终保持教学高质量的同时，也形成了学校管理严谨、教师教育教学态度严谨、学生学习态度严谨的特点。"严谨"成为师生共同的特点。随着教育教学改革的不断深入，"严谨治学、和谐发展"成为引领学校发展的目标。严谨治学的标准体现在：学校管理高标准，教师队伍高素质，课堂教学高效益。学校管理高质量：依法治校，科学决策，争创名牌学校。教师队伍高素质：学习实践，竞争合作，争做科研型教师。课堂教学高效益：鼓励感悟，学会合作，促进学生个性的全面、和谐发展。和谐发展：和谐包含三方面，一是校园环境和谐，二是学校的人际关系和谐，三是人的发展和谐；发展也包含三方面，即追求学生的发展，追求教师的发展，追求学校的发展。在这一目标的引领下，学校以科研为手段，各学科先后开展了"激发学生兴趣，培养学生良好习惯"、"优化课堂结构，提高学生素质"、"在自主活动中培养学生的实践和创新精神"、"如何在课堂教学中实施合作学习"、"学生实验能力的培养"等课题研究，教学质量取得突出成绩的同时，一批中青年骨干教师脱颖而出。

进入 21 世纪，随着新课程改革的推进，学校进一步深化办学理念，提出"以人为本、严谨治学、和谐发展"的办学理念。"尊重学生人格，关注学生成长的全过程，创造适合每个学生成长的教育"是其核心思想。围绕这一理念，学校以心理教育为切入点，落实以人为本的思想。以优化心理素质、维护心理健康为目的，通过心理素质训练、心理健康教育、心理辅导活动，对学生实施积极影响，形成体现"全元心育"思想（这里的"元"是"元素"的"元"，指学校所有教育元素）的心理教育——调动学校所有的教育资源，全人化、全员化、全面化、全方位、全渠道地实施心理教育。在这一理念指导下，在学科教学中提出了树立目标意识、主体意识、情感意识、反馈意识、创新意识等五种意识；在课堂教学中，引导教师努力做到"五带进"：把信任的目光带进课堂，把尊重的话语带进课堂，把和蔼的微笑带进课堂，把善意的激励带进课堂，把适度的竞争带进课堂。这些做法促进了学生良好心理品质的形成，形成了学校心理教育的特色。

（二）从"心育"到"育心"

一直以来，育翔小学在西城区以教育教学高质量著称。在我校，学生学习自觉性普遍较强，但学习压力也随之增大，所以，学生的心理状况、情绪以及态度价值观等一直成为我校关注的焦点，心理教育一直是我校的特色。近年来，随着"以人为本"思想理念研究的不断深入，我们认识到，单纯的心理健康教育已不能完全适应时代发展的要求，我校必须在特色建设基础之上，挖掘其深层次内涵，找出其与时代发展脉搏、与教育教学规律和儿童身心发展规律相契合的部分。在不断传承的基础上，我们将心理教育发展为一种更贴近于"人"、更具有时代气息和内涵品质的"育心"文化。

我们提出从"心育"到"育心"，打造"育心教育"的办学特色，实现"育心飞翔"的目标，推进学校特色发展。"心育"即心理健康教育，强调的是手段，在教育教学中对学生实施心理健康教育，促进健康心理品质的形成。而"育心"即育心教育，强调的是目的，在教育教学中以"育心"为目的，让师生享受教育的快乐与幸福。它从人性发展的角度，赋予教育对象、教育内容、教育过程、教育方法以人本关爱，更加关注学生的身心健康与和谐发展。它把"关注心灵成长，提高生命价值"作为核心价值观，通过对"心"的培养，将一定的世界观和价值观渗透到每一个人心中，形成共同的价值取向和精神情怀，使学生拥有幸福童年，感受到生命的美好，朝着自己心中的梦想快乐地飞翔，让校园生活成为他们成长过程中美好的回忆。

哈佛大学泰勒博士曾说过："幸福是向山顶攀登过程中的种种经历和感受。"育心教育的实施恰如登山，我们会最终体验山的挺拔，但在攀登过程中我们一样体验生命的韧性和力量，体验一种寓教于乐、润泽生命的快乐与幸福。作为一个个独立的个体，每个孩子、每个年龄阶段的孩子都具有自己独特的天性，在以往的教育目标设计中，我们更多情况下是让孩子学会一种规则，一种对社会、对他人有益的规则，但往往会忽略孩子自身发展的需要。所以，我们在实施育心教育过程中，更多地是从一个完整的人的角度来考虑孩子的发展，最大程度地激发孩子人性中的自然性，使他们具有独立思考和创新的能力，同时又获得一种融入社会、成为一个社会需要的健康社会人的本领。

（三）育心教育的内涵

育：引导——遵循教育与身心发展规律；呵护——对生命的呵护与关爱；尊重——尊重个性与差异。

心：心灵——生命的核心与灵魂；心品——个性、心态与认知、情感。

育心的具体内涵包含三层：以心为先，以心育心，滋养心灵。

"以心为先"即教育以育心为核心，育人以育心为本，育人从育心开始。教育的本真在于激发、唤醒孕育生命成长的本质力量，而这种本质力量主要来自于"心"。"心"是人之本、人之魂、人之内核，因此，也是教育之本、教育之魂、教育之内核。学生良好的心理品质、美好的心灵和健康的自我意识是一切教育的基础与核心，教育者对学生心理潜能的挖掘，对其生命本质力量的激发是教育的实质。因此，从一定意义上说，教育就是育心的教育，教育应从"心"开始。

"以心育心"即育心教育的途径是以心灵呵护心灵，以心灵启迪心灵，以心灵影响心灵，以教育者的健康自我成长影响带动学生的健康自我成长。教育就是教育者有目的地对教育对象主动施加影响的过程。这种影响不仅来自于教师的知识传授、技能训练，更主要地来自于在潜移默化的日常交往互动中，教师的人格魅力、高尚情操、健康自我等无形的精神力量对学生产生的影响。从这一意义上说，教育是教育者全部身心对受教育者施加影响的过程，是以人育人、以心育心的过程。教师作为施教者，必须具有健康的心理品质和高尚的道德情操，才能培育学生良好的思想品格，让学生发现生命的美好，从而激发学生的自我成长能力。因此，教育者自身的心灵成长与健康自我是育心教育的前提，也是实现育心教育的途径和手段。学校干部教师自身的心灵成长与健康自我发展是育心教育的重要组成部分。

"滋养心灵"指"关注学生心灵成长，提高生命价值"，这是我们培养目标的核心价值观。这种价值观背后隐含着我们对教育规律的理解与尊重。美好的心灵不能被塑造，而需要滋养，需要美好的事物以及记录这些美好情愫的内容去滋润、去温暖，去一点点浸染和沉淀。这种滋养不是从知识的灌输、技能的训练、道德的训诫中获得，而是从教育者自我全部身心的敞开与提升中获得，从教育者相信每个学生都有自我成长的能力，应给予其无条件的积极尊重与呵护中获得，从对学生的个性差异的尊重及对其兴趣爱好和潜能的激发与爱护中获得，从为学生的心灵成长提供丰富的精神营养，使之感受生命的美好，享受属于自己的幸福童年中获得。

这三层内涵，蕴含着对教育本质的理解，对教育与身心发展规律的尊重，其核心思想是让学生得以健康、快乐地成长，实现自我飞翔的目标。

这个目标包含：学生的个性得到发展，潜能得以开发，自信逐步建立，健康心态逐渐养成。这预示着通过育翔六年"育心教育"的滋养，每一个育翔小学的学生都能成为一个有梦想、有智慧、有毅力、身心健康、积极乐观的人，从育翔小学这片教育的热土中，飞翔到更高、更远的天空中。

二、在健康自我中理解"心"，明确培养目标

育心教育，对"心"的理解是关键。如果只是大概地提出目标，甚至提出育心教育的各种原则，却没有对"心"有细致而明确的理解，不能明确育什么样的心，育心教育仍然会停留在愿望上。

（一）"五心"并育

在找准育心教育培养目标的落脚点之后，我校从多个角度挖掘育心教育的深层次品质内涵。我们认为育心教育的实现路径应该着重于"五心并育"，通过对孩子爱心、好奇心、自信心、进取心、责任心的培养，让小学阶段的孩子，在日常行为习惯养成的过程中，真正领悟到学校所赋予的品质和文化，这也是育心教育培养目标实现路径的核心抓手。

① 爱心。爱是动物和人的一种本能，一种生理和心理的驱动力。它既包括主体对于事物的需要和依赖，也包括主体对于事物的一种正面有利的态度和情感。"五心"中，爱心居首，承载了其他"四心"的核心内涵。"五心并育"的教育理念实际上是在爱心这个大的情感态度背景下展开的育心教育。

② 好奇心。好奇心作为童心的重要体现，是个体学习的内在动机之一。它是个体寻求知识的动力，是培育人类不断探索未知世界的精神、不断开拓创新品质的重要基础，也是考量小学阶段儿童身心发展状况的重要参照物，是人性中最为自然的部分。

③ 自信心。自信心是个体对自己所做的各种准备的感性评估，它关心的不是个体具有什么技能，而是个体用其拥有的技能能够做些什么。自信心象征着一种对待困难的积极态度和精神，是健康心理的重要标志，对于个体的成长成才显得尤为重要。

④ 进取心。进取心是指不满足于现状，坚持不懈地追求新目标的蓬勃向上的心理状态，包括好胜心、主动学习和自我发展这三种个人特质。

⑤ 责任心。责任心是一种自觉地把分内的事做好的重要人格特质，即个体对自我应负责任的自觉意识与积极履行责任的行为倾向。它是由内心生发而来的价值感和使命感。对于处在小学阶段的儿童来说，它包括作为组织中一员所应承担的责任，对行为后果，特别是过失行为应负的责任，对所承担任务的责任等。

（二）在健康自我中理解"心"与"育"

1. 爱心

爱心是"五心"中的情感之心。人的情感是在情绪中发展起来的。人最初的情绪来自需要是否得到满足，当得到满足时人会产生快乐的情绪，而没有满足的时候会产生不快乐的情绪。情绪是被动的本能需要满足时产生的愉快或不愉快，而情感则是在社会性、思维和价值观基础之上的一种主动的需要或被需要的感受。"情绪主要指感情过程，即个体需要与情境相互作用的过程，也就是脑的神经机制活动的过程，如高兴时手舞足蹈、愤怒时暴跳如雷。情绪有较大的情境性、激动性和暂时性，往往随着情境的改变和需要的满足而减弱或消失。情绪代表了感情的种系发展的原始方面。从这个意义上，情绪概念既可以用于人类，也可以用于动物。而情感经常用来描述那些具有稳定的、深刻的社会意义的感情，如对祖国的热爱、对敌人的憎恨以及对美的欣赏等。"（彭聃龄，2001）情感与情绪的重要差别在于"稳定的、深刻的社会意义"，这种"稳定的、深刻的社会意义"具体理解就是稳定的、深刻的他—我关系及意义。孩子在得到母亲照顾的过程中最初只有快乐与不快乐的情绪，但当他看到母亲生着病仍然给自己做饭，当他感受到母亲给他扇扇子时比别人都要温柔舒服，他感受到了他和母亲之间的唯一、相互依恋的关系及意义。这时候，孩子产生了对母亲的情感。有了这种情感，即使母亲偶尔没有满足他的要求，他也并不会因此而不快乐。这就是情感的稳定性和深刻性。因此，爱是感性的又是理性的。

一般所说的爱心，更多的是同情心，是将心比心的同情心，是给予帮助的给予行为，和那种深刻的爱不同。

爱心是全心全意为他人着想，体现在对他人需要的敏感、对提供帮助的合理方式的敏感。

儿童的发展以情感为先，未成年人的教育实际上是一种情感的交流，关心是以爱为核心的情感交流，而这种交流就是实际意义上的情感教育。关心既是一种心理品质，也是一种道德品质。作为心理品质，关心是个人对人、对事的一种态度；作为道德品质，关心是个人对他人、自我对世界的道德态度。从个性角度来说，关心是一种品质。从学习角度来说，学习关心是一种道德品质和心理品质的学习。通过学习，将人类这一可贵品质内化到心灵。儿童在交流中从感受爱到产生爱，从关心亲人到关心教师，从关心朋友到关心同伴，从关心班级到关心学校，从关心生态到关心社会，这个过程不仅是未成年人亲社会人格建构的基础，也是美善人性养成的生态源泉。学会关心的教育价值，就在于引导未成年人学习理性地、自觉地关心，形成出自责任的关心品质，为整个德行和完善人格的发展奠定基础。当然，最终爱的达成还必须具备一些基本的技能，比如关注、动机移位、尊重等，而学生更要通过实践才能实现这些关心的技巧。

新时期下，诺丁斯推崇的关怀型师生关系可以很好地实现爱心教育。这种师生关系是充满人性的，是一个以师生生命发展为内在需要，通过双方的内在情感需要进行交流、交往、对话，教师作为关注和动机移位的一方，与做出接受、认可与回应等反应的学生一方之间的双向互动联系。关怀型师生关系重视人与人的相遇、接触，在相遇接触中，是两个独立生命的碰撞，是精神领域的交流与沟通，能够促进双方生命生成与体验，是惠及双方的真正意义的交往互动。这其中包含了期望、关心、接纳、移情和包容。

首先，教师要充当关心者的角色，尽可能了解、把握学生的差异和特点，尽可能通过自己的行动去实现对学生的关心，满足学生的合理需求，并让学生学会对别人的关心做出积极的反应，以此来示范关心。这就要求教师具备两大特点：专注和动机移位。专注是对被关心者完全的、充分的接纳。当你真正关心学生的时候，就会认真地倾听、观察和感觉他所传递的信息。当你专注地听取学生的需要，并以一种他能接受并认识的方式做出回应时，当他接受了你的专注、认真和答案时，关心关系就建立完成了。其次，教师要抛开自己的成见，设身处地站在学生的角度去理解他们的渴望和心情，并像考虑自己的事情一样去考虑、计划，反思被关心者的事情，从而有效地帮助他，并能够理解和欣赏学生的情感，这就实践了心理学上的移情。在这个过程中，教师投入的专注，感受到去帮助学生的渴望，这便是动机移位。因此，教师在教学中要营造尊重、理解、关爱的学习氛围，让每个孩子的个性特点和个性才能自由展现，健康发展。学会赏识学生，尊重、保持儿童的天性，相信学生的潜能，理解学生的个性，激励学生的长处，包容学生的不足与过失，提醒学生改过和预防犯错，从而达到走近生命、唤醒潜能、唤起自信、善待差异、引导自主选择的教育目的。在教育过程中要建立以情感目标为核心的评价体系，把爱心养成作为学生成长的重要指标。这一切的培养不能光靠大道理，而是需要实际的行动。古语说："心，灵物也，不用则常存，小用则小成，大用则大成，变用则至神。"

教师要积极调整自己的心态和视角，用欣赏和鼓励的眼光去珍视学生，发现学生内心世界的丰富与奇妙。教师可以通过以下四种途径与学生建立关系。其一，榜样。教师的情感建立在热爱教育事业、热爱学生的基础上，教师以自己丰富的专业知识和人格力量为学生树立榜样。教师的言行学生看在眼里，模仿在行动上。其二，对话。这首先建立在师生平等的基础上，是双方共同追求理解、同情和欣赏的过程。它是师生双方各自向对方的精神敞开和彼此接纳，是一种真正生命意义上的精神平等与沟通。其三，实践。因为关心的态度和观念是由经验形成的，所以要帮助学生积累关心实践的经验，就要在不同学科中培养学生看待这个世界的特定态度和方法，从而习得关心的技能，养成关心的态度。其四，认可。教师要把学生看作是一起致力于关心的人，对他们宽容、尊重、理解、推心置腹、以诚相见，共同建设一个充满关心的美好社会。

亲情是培育爱心的基础。父母在孩子爱心的培育上有着不可推卸的责任。首先，家长要树立正确的家教观念，坚持正确的育人观念，不能把人际关系和高成绩作为评价孩子的唯一标准或者是重要标准，而要把教育孩子学会如何做人、如何建立责任意识、学会关爱、学会合作作为家庭教育的核心内容。其次，要强化补偿意识，重构儿童世界。父母在与独生子女的互动中既要充当父母，又要充当伙伴，在亲子互动中进行平等民主的交往，进行真诚的心灵沟通。要做到因材施教，切忌拔苗助长，提出不切实际的过高要求和期望。还要注意在节假日安排孩子与同伴交往，让孩子积累与人合作的经验，从而形成正确的自我概念。丰富的家庭活动可以帮助滋养孩子爱的情怀，带领孩子融入大自然可以帮助孩子拓展爱的养成空间。再次，父母要做孩子爱的榜样。父母要关爱家人，关心他人，关注社会上的弱势群体，热心公益，用爱的行为为孩子树立良好的榜样。最后，父母还要积极悦纳孩子的施爱行为。弗洛姆认为，儿童的施爱是其自身力量的最高表现，通过给予爱，儿童体验到自我的力量。孩子们的爱常常表现在细微之处，而且稍纵即逝，但却是他们成长路上的亮点和生长点，父母要善于捕捉，让孩子从身边小事做起，从小形成正确的爱的认识、正确的价值观念。

2. 好奇心

首先，要理解好奇心本身。好奇是儿童的本能，来源于他们器官发展的结果，又是器官发展的条件。儿童天生想看、想听、想闻……由于是本能，好奇是自发的，不由自主的，是自由联想的，是无厘头但却有缘由的。对陌生事物好奇而不是恐惧，是儿童健康的标志之一。好奇是探究和创造的源泉。不同孩子好奇的东西不一样，意味着他们的天赋不同。

其次，要讨论好奇心的"育"。儿童的好奇是单纯的，没有成人窥探他人隐私的不好的动机。只要给他们安全的环境，他们就会自然表现出好奇。要鼓励孩子的探索，尽量不要恐吓他们。儿童的好奇是多方面的，可能是对自然界的，可能是对人的，也可能是对自己的。所以，我们要带孩子接触大自然，多和人交往，让他们在好奇中丰富对世界的了解和体验，引导儿童从好奇走向探索。好奇是探索的基础和前提，是无意识的本能行为，而探索是受意识支配的行为。学生在意识的支配下能够有目的、有方法、有行动地去完成探索活动。教师要教给学生解决问题的思路与方法，鼓励学生发现问题、研究问题，寻求多种方法解决问题。要培养孩子围绕目标持之以恒钻研的精神。

3. 自信心

首先，自信心是一种反映个体对自己是否有能力成功地完成某项活动的信任程度的心理特性，是一种积极、有效地表达自我价值、自我尊重、自我理解的意识特征和心理状态，是健康自我发展所需要的。自信心要以实力为基础，以努力为前提，以有意义的目标为方向。自信心程度的差异，会直接影响到学生的学习、竞赛、就业、成就等多方面的心理和行为。人一旦拥有自信，就会产生一种来源于内心深处的强大力量，无所畏惧地面对困难，使原本不能轻易解决的问题也能在不经意间迎刃而解。反之，本可以解决的问题或者可以很好完成的事情，会因为没有自信而以失败告终。因此，自信是一种美妙的生活态度，它会激发我们的生命力量，使我们思想上乐观、豁达，充满了睿智，给人以快乐，产生无尽的希望。

要培养孩子的自信心，首先，孩子成长中的重要他人——教师、家长对孩子略高于自身的评价对其自信心的培养至关重要。孩子的天赋秉性各不相同，没有好坏之分，要在尊重个体中承认差异、关注差异，在不同标准中，实现差异化发展。其次，要善于发现和挖掘学生的潜能，积极培养，鼓励实践。要为不同学生搭建成长的平台，让他们在参与中享受成功，在逐步建立自信的同时，进一步明确目标，付出努力，不断提升，这一过程也使自信心不断得到强化。最后，要言传身教。应创设培养学生自信心的环境，让他们在潜移默化中"自信"起来。教师、家长是孩子的效仿榜样，因此，教师在孩子面前更应呈现出自信、开朗、乐观的性格，有魄力，自强，办事不怯懦，为他们树立良好的形象，创设良好的精神氛围。

4. 进取心

进取心是指一个人制定和实现目标所进行的心理活动的总和，也就是实事求是、努力向前、有所作为的精神。进取者讲究争取高效率，但又不忽略整体生活节奏的合理性，善于科学地安排工作、运动、休息和娱乐，而不急躁与疲惫。他们热爱生活，乐于生活。培养进取心实际是培养敢于进取的能力。在小学阶段，儿童有着较强的进取动力，强烈的荣誉感促使他们努力朝着既定目标奋勇前进。但是，在前进的过程中，他们一定会遇到各种挑战和问题。教师需要通过各种途径让学生了解，要想实现既定目标，不仅要具备应对挑战的能力，还要有应对挫折和失败的能力。

进取心的"育"包含两个方面。其一，实际应付挑战的能力，比如智力、体力、技巧。这些实际技能最好的培育办法就是参与体育运动。在运动中，学生能够学到肢体协调运作的技巧，感受力量和意志如何更好地配合，学会冷静观察和机敏地审时度势，他们还能从运动中感受压力和能量释放后的畅快。其二，处理面对失败挫折的情绪的能力。这需要教师和家长的进一步引导和帮助。首先，承认在面对失败和挫折时，人都会有不愉快的情绪发生；其次，指导学生掌握健康的情绪宣泄方式，学会积极的情绪管理；最后，还要解释造成难过情绪的原因，让学生懂得情绪的本质，能看到自己前进的方向，不会迷失在情绪的旋涡中，失掉进取心。

5. 责任心

所谓责任心，是指青少年对自身在人类社会进步与发展中所应承担的责任的意识，及在履行责任时对自己的行为选择、行为过程、行为后果是否满足内心需要所产生的情感体验。显然，这里有三个层面的内涵。一是对自己、他人、社会和自然的责任的认识及承担责任的行为倾向；二是产生选择和承担责任的行为；三是伴随着责任行为所产生的情感体验。青少年的责任感是认识、情感、行为的统一，是从简单到复杂、从隐形的意识向显现的行为发展的。

首先是对自己有责任感。人是社会的主体，每个人的行为都会影响他人的情感和行为。从某种角度说，对自己负责就是对他人负责。现在青少年以独生子为主体，他们的行为对家庭和社会有举足轻重的影响，因此，培养青少年的责任感首先是对自己负责。第一，就是对自己的生命负责。知道生命的价值，知道自己的生命与其他人的关系；热爱自己的生命，对生命有敬畏感，学会如何保护自己；有运动的习惯；树立交通意识，遵守交通规则；保持积极的心态，悦纳自己，逐步知道怎样维护自己的心理健康。第二，对自己的行为负责。对自己的行为与后果之间的关系有意识，明白自己的行为会给自己和别人带来的后果，努力控制自己不产生冲动、任性的行为；当自己的行为给别人造成伤害时，有羞愧感和内疚感，勇于承担错误，并用行为去弥补自己的错误。第三，对自己的学习负责。学习是青少年第一要事，要有良好的学习态度，喜欢学习，明白学习是自己的事，是为自己读书而不是为父母、老师读书；认真按时完成作业，不迟到、早退，养成良好的学习习惯。

其次，对他人有责任心。青少年在与他人交往的过程中要具备诚信的品质，并能承担相应的义务。诚信即诚实、守信，指对他人要真诚，信守诺言。义务感是指对自己该做什么、不该做什么的认识及情感体验。对他人的责任感的实质是有利他的行为意识，其心理学基础是具备移情的能力。移情是设身处地体验他人的情感，思考别人的思想的能力，青少年在觉察、识别、体验他人情感的前提下，就很有可能自觉地产生利他的意识和行为，一方面满足了自己的需要，另一方面也帮助了他人。那么，在儿童人格形成的过程中，对其人格中有利于利他动机形成的部分加以塑造，就会实现其长大后表现出利他行为的目的。另外，根据社会学理论，当个体的利他行为得到积极强化时，他就会做出更多的利他行为；反之，受到消极强化时，利他行为就会减少。

由此，责任心的"育"主要包括两个大的方面：一是向内，培养对自己的责任心，能够有意识地对自己的需要负责，在别人眼里，自己是有责任心的人；二是向外培养对他人的责任心，即在诚信的品质下实现对他人的各种利他行为，如对父母、老师、同伴的责任心。首先，可以从多种情感的塑造中培养责任心。责任心中的情感成分十分强烈。责任感对责任行为具有十分重要的推动作用。责任感包含着丰富的情感成分，其养成也需要从多种情感入手。为了养成学生的责任心，就必须对学生进行"爱"的教育和"良心"的教育。其次，身体力行，践行责任。责任心不仅是一个理论的范畴，也是一个实践的范畴，只有通过责任实践，提高个体的责任能力，养成负责任的行为习惯，责任心才能巩固成熟，并成为个体稳定的心理特征和人格倾向。古人云："莫因善小而不为，莫因恶小而为之。"不论大小事情，都要有责任心，而且，对小事的责任心往往是对大事的责任心的基础。

参考文献：

彭聃龄.2001.普通心理学［M］.北京：北京师范大学出版社：356.

自我理论指导下的生命教育学生培养目标

平谷区第二小学　贾全旺

从生命教育的提出，到现在能够明确提出生命教育的学生培养目标并最终提炼出校训，我们经历了一个从概念理解到学生需要调研，再到核心内容思考、学生学段分析的过程，这是一个研究的过程，这个过程是在自我理论的学习和指导下完成的。

一、生命教育的提出和在自我理论下的发展

生命教育的提出是朴素的，并得到了全校教师的认可。通过自我和健康自我理论的学习，我校生命教育的思想和实践开始走向理性、系统和具体。

（一）生命教育的提出和最初的理解

学校最初提出生命教育源于 2007 年推进的"北京市小学规范化建设工程"的"规范 + 优质 + 特色"的建设目标，该工程的目的是促进每一所学校在规范、均衡发展的基础上形成各自特色，打破千校一面的局面。

我们的特色是什么？或者说我们要创建的特色是什么？2008 年，学校干部教师开始在历史的回顾和现实的审视中寻找答案。

平谷二小始建于新中国成立初期，1991 年成为平谷区教育局直属小学，1999 年与园田队小学合并，由位于县城繁华地段的红庙街迁到城乡结合部的现址——平谷镇园田街 8 号。迁址之前，学校始终是社会声誉好、生源充足的本区名校。迁址之后，受地理位置影响，生源数量逐年减少。2004 年，我区为有效解决来京务工人员子女入学问题，指定平谷二小为来京务工人员子女入学接收校之一，即民间所说的"打工子弟学校"。此政一出，本地家长担心孩子会受外地孩子不良习惯影响，外地家长担心自己孩子受歧视，教师担心外地孩子基础差、习惯不好影响教学质量。如何消除家长、教师的担心，重塑二小形象，提高二小社会声誉，成为摆在二小人面前的重大课题。为解决这些问题，当时的二小人提出了"不歧视每一名外地生，不放弃每一名学困生"的办学理念，努力发现并发挥本地生和外地生各自的优势，促进外地生和本地生的融

合，千方百计提高教学质量，社会声望逐步回升。在这个过程中，"关心、关爱、关注每一名学生"成为平谷二小教师的集体标志。

时至 2008 年，外地生的比例已经达到 50%。面对越来越多家庭贫困、行为习惯差、学习基础薄弱、家长文化水平低的来京务工人员子女，二小人没有了最初时的焦虑，也不再满足于稳定生源的目标，而是对他们有了更多的理解、尊重和同情，决心化劣势为优势，创立自己的教育品牌。

在对学校传统的梳理、对国家法律法规的学习和对学校实际情况的审视中，以生命教育作为学校的办学理念开始为大家所接受。

我们最初对生命教育的理解有以下几点。

1. 最明确的认识是"有教无类，人人成才"

有教无类是我们遵循的教育原则，人人成才是我们追求的教育目标。我们想提醒自己，人人享有平等的受教育权，必须一视同仁；我们想安慰家长和学生，学校会平等地对待每一名学生。因此我们曾提出"不歧视一名外地生，不放弃一名学困生"、"同在蓝天下，快乐共成长"等口号。现在看来，这些话应该放在心里，因为贴上"外地生"、"学困生"的标签，本身就会让学生感到自卑，让他们觉得低人一等。平等地对待每一名学生更应该表现在行为上，表现在对每一名学生的关心、关爱、关注、关照上。

2. 共同的愿景是"营造一个幸福的精神家园"

通过学校管理制度的创新、课堂教学的改革、教育活动的有效开展、校本课程的开发、人文景观的建设及教师的言传身教等多种途径，我们努力创建以人为本、尊重人性、尊重人的价值的人文校园环境，让学生在深厚的人文环境的熏陶下形成感恩、利他、包容、合作、博爱、求真、自尊等现代人文素养，养成尊重他人、诚实守信、勤奋学习、遵规守纪、善于合作、志向远大、勇于担当等良好品质和行为习惯，为学生的一生营建一个幸福的精神家园。

3. 形成了生命教育的一些具体观点

两个核心理念：一是尊重、热爱每一个学生；二是为每个学生提供平等成长的机会。

四个价值追求：追求尊严，追求价值，追求人格，追求个性。

树立四种意识：权责意识，平等意识，合作意识，开放意识。

渗透四个教育：爱国教育，感恩教育，责任教育，诚信教育。

四种教育方式：关爱，展示，体验，积淀。

（二）在自我理论的学习中认识到生命的核心是健康自我

学习健康自我的理论让我们认识到，自我是生命的核心，健康自我是生命获得幸福和意义的关键。

1. 自我是生命的核心

自我是生命的核心，为生命的需要服务。在生命中有大量与生俱来的所有人共同的本能的需要，尊重生命就是尊重这些丰富的需要。但是，自我会产生超越生命自身的需要，那就是理想。有了超越生命自身的需要，人才有了精神世界，才成了真正的人。人的理想不同使得生命的质量有所不同。因此，我们希望我们的学生有他们的梦想，希望他们的人生是梦想成真的人生。

2. 生命过程是自我不断发展完善的过程

生命是活着的一段历程。在这段历程中，自体发生着物质层面的变化，自体的管理者、组织者、协调者——自我，尤其是主我，在精神层面同样发生着变化。

个体生命是独特的、唯一的，即有生物独特性（每个人的身体结构、外形特点不同）和历史独特性（家庭背景、文化背景、生活经历、思维方式、行为方式、兴趣爱好、价值取向等不同）。"世上没有两片相同的树叶"，每一个人的生命也是唯一的。人生的幸福来源于认识、接受、欣赏自己生命的独特性、唯一性，并将这种独特性的力量充分地发挥出来。

正如乔治·米德所说："自我是逐渐发展的，它并非与生俱来，而是在社会经验与活动的过程中产生的，即是作为个体与那整个过程的关系及与该过程中其他个体的关系的结果发展起来的。"

几乎每个人都要经历出生、生长、发育、生育、衰老到死亡的过程，在人的生命存在的每一瞬间，身体都在不断地调节自己内部各种机能的状况，调整自身与外界环境的关系。在这个过程中，自我通过感受和体验等方式对自体和客体的认识越来越丰富和全面，这些认识决定着自我对客体和自体的态度、情感和付诸的行为。

虽然生命的生物存在是由弱到强，又由盛到衰的过程，但自我却是随着生命的延展不断发展、强大、完善的过程。

3. 健康自我的形成和发展是让生命牵手幸福的关键

成为一个幸福的人，"意味着一个人把自身的功能卓越地发挥出来，把那些成其自身，决定自身而使自身区别于他人的'所是'充分地发挥出来，从而达至一种'是其所是'的兴盛的、完满的生存状态，同时也是一个人真实的生存状态"。（李娜，2011）这段话的意思是，幸福的程度体现为个体自身潜能的发现程度、挖掘程度、发展程度。一个个生命活动中的体验和感受将促进自我对自体的认识，而只有自我对自体的兴趣、爱好、潜能等更为全面、更为客观地认识之后，才会形成健康自我。具有健康自我且具有健康自我发展能力的人所具备的高自尊、高自信，会表现为行为上的自主性持续爆发。这样的人，会根据对自身的全面认识，确定自己的职业理想和人生目标，会为自己认为有意义的事情投入时间和精力，会坚持自己的意见，探索解决问题的办法，会协调与伙伴的关系，共同完成不能独立完成的工作，会根据自身与环境的客观实际调整工作、学习目标。只有这样的人，他的先天禀赋、潜力才有最大程度发挥的可能，他的生命价值才会最大程度得以实现。因此，幸福，是健康自我的极致状态。

生命的终极目标是追求幸福，生命质量的评价标准是幸福感的强弱。具有健康自我且具有健康自我发展能力的人，能够建立起高效、系统的心理机制，对自体内部各要素的关系和自体与客体的关系进行协调，使内心达到平衡，从而收获快乐和幸福。这样的人，表现为会有效调控自己的情绪，会有序打理自己的生活，会恰当地处理与他人的关系，能找到解决问题的正确途径。

4. 健康自我的形成与发展有利于彰显生命的意义

肖川博士说："人生的意义，我的理解是，看一个人在多大的程度，多大的范围，在多大的积极意义上，影响别人。"《圣经》上讲："爱就是在别人需要的上面看到自己的责任。"

具有健康自我的人能够很好地处理本我与超我之间的关系、人的自然属性与社会属性的关系、利己与利他的关系。

具有健康自我的人会认识到：只有对社会、对自然、对他人的存在有积极的贡献，生命才有意义。

（三）生命教育在自我理论下的深化

1. 生命教育的核心应该是健康自我的发展

当我们学习了自我理论之后，尤其是认识了生命的核心是自我，以及健康自我是牵手幸福的关键时，再次反观生命教育在我们学校走过的历程，我们深刻地认识到：关照人一生健康发展，追求人一生快乐、幸福的生命教育的核心任务，应是帮助每一个学生形成结构合理、机制健全、力量强大的健康自我。

2. 生命教育要在深入了解孩子的需要中形成具体的内涵

自我理论指出：只有需要得到满足，人才会有快乐的情绪。人的需要是复杂的、多元的：不仅有主观意识到的需要，也有客观存在的需要；不仅有最基本、核心的需要，也有具体的需要；既有生物性的需要，更有社会性的需要……

生命教育应该在满足学生主观意识到的合理需要的同时，唤醒学生主观意识不到的客观存在的需要，在满足具体需要的同时满足其最基本的需要，在关注人的生物性需要的同时更加关注人的社会性的需要。

我们的学生与他们的同龄人共同的需要是什么？与其他学校的学生比较，我校学生的需要有什么特点？我们所给予学生的课程、制度、文化、环境、活动、人际关系等是学生需要的吗？回答这些问题，需要我们了解6～12岁孩子的身心发展规律，需要我们真正走进孩子的内心，在了解孩子真实的需要中，形成生命教育的具体内涵。

3. 家校合作，化民成俗

自我理论指出，家长和教师都是孩子自我成长中的重要他人，尤其是母亲在很长一段时期还要扮演孩子的"辅助自我"和"永久性客体"的角色。家庭和学校是孩子重要的成长环境，是孩子早期社会兴趣形成的地方。学校和家庭、教师和家长对孩子成长重要性的高度相似，要求家校之间必须密切合作，同向而行，秉持相同的教育观念、教育态度，施以相同的教育影响，形成教育合力。面对来自不同地域、不同文化背景的家长，加强家校之间的沟通，增加相互了解，增进相互信任，形成教育共识，对于我校来讲更为重要。学校要发挥教育机构的引领作用，给予家长"做足够好的妈妈、爸爸"的专业指导，在尊重不同地域文化的基础上，化民成俗。

4. 以需要为核心的生命教育体系的构建思路

既然生命的核心是自我，自我的核心是需要，那么，生命教育体系就要以需要为核心来构建。怎么构建？任何一个教育体系都是以学生培养目标为关键点的，因此，学生培养目标要以学生自我发展的需要为核心来构建。要做到这一点，首先要调查学生当下的需要，了解学生的生命状态。

以下两节分别介绍我们的做法和思考。

二、以需要为核心内容进行学生生命状态的调研和分析

确定学生培养目标的依据是多方面的，在此主要介绍一个方面的依据，即通过调查得到的学生实际需要。另外，在学生培养目标的整个研究过程中，我们都以健康自我的认识为理论依据。这个依据隐含在调研方案的设计中，隐含在调查结果的解释中，也隐含在学生培养目标的具

体内涵的构建中。因此可以说，平谷二小的学生培养目标是认真关注学生自我的成果。

（一）了解学生的需要

需要是自我的核心，找到、理解了学生的需要，并创设条件帮助学生满足需要，就是在推动学生自我的发展。

学生的兴趣、问题、优势和期望都是学生的需要。我们主要针对学生中存在的普遍问题来思考学生培养目标。

我校位于平谷城区东南的城乡结合部。现有 29 个教学班，学生1051 人，其中 679 人来自全国除港、澳、台、西藏外的 27 个省、市、自治区，占学生总人数的 65%。我们是全区接收来京务工人员随迁子女人数最多、比例最高的学校。372 名本区学生绝大部分来源于城中村农转非家庭及附近农村家庭。通过我们的调查、座谈、走访分析，了解到学生及其家庭基本情况如下。

1. 家长文化程度偏低，家庭教育需要专业指导

在所有被调查的家长中，具有大学本科以上学历的占 3%，大专学历的占 6%，中专及高中学历的占 24%，初中学历的占 48%，小学及以下学历的占 19%。

从这些数据中不难看出，学生家长的文化程度普遍偏低，家长们普遍反映他们很难在教育方面给予学生更多的帮助。

在问家长希望孩子长大干什么时，很多家长回答没有想过。调查中提醒家长 12 岁的女孩需要独立房间时，家长才意识到确实应该满足。很多现象说明家长对孩子的内心需要关注不够，对孩子人生发展的影响处于无主观意识状态。

与此同时，我们也看到，我们的家长鲜见将自己的愿望强加给孩子的现象，学生课外参加各种补习班、兴趣班的很少，家长不会逼着孩子学这学那，大多数孩子处于自由自在、自然成长的状态。当教师向家长反馈学生学业出现问题时，大多数家长会片面地认为报个补习班是最好

的办法。如何分析孩子学业上的问题？如何引导孩子有效安排闲暇时间？怎样发展才是健康、全面、和谐的？这些问题需要教师、学生、家长共同讨论，达成共识，以建立起目标一致的教育共同体。

2. 多数学生家庭生活贫困，家长们的精神追求有差异

调查发现：1051 名学生中，家庭自有住房的不足 35%，其余家庭都租住在学校附近的老旧小区或民房中，人均居住面积不足 15 平方米。全校学生家庭人均年收入不足 5000 元。

尽管一样贫困，家长们的精神状态及家庭环境并不相同：

有些家长劳累一天之后不愿意再整理家务，房间脏乱；有些夫妻因生活窘迫而吵架，甚至离异；还有些家长染上了酗酒、赌博的恶习。

相反，一些家庭虽然贫穷，但不大的房间却收拾得干干净净；虽然贫穷，但夫妻之间和睦温馨；虽然贫穷，但家中充满情趣——房间内外有花有草，墙上贴着孩子的奖状，挂着夫妻的婚纱照……

身教重于言教。家长的人生态度、精神面貌、生活习惯、为人处世的方式无疑对孩子的自我发展产生重要影响。因此，作为相对专业的学校，应考虑通过何种途径发挥专业的力量对家长施加影响，引导家长成为他们希望孩子成为的那种人。树立家长榜样，让优秀家长、和谐家庭影响其他家长、其他家庭。

3. 学生卫生习惯差，饮食无规律

39% 的学生居住在周边环境脏乱的老旧小区或民房里，18% 的学生家里没有洗澡设备，20% 的学生家里使用的是旱厕。绝大多数家长从事的是繁重的体力劳动，没有经常整理家务的良好习惯。

因父母早出晚归，36% 的学生没有在家吃早餐的条件，37% 的学生中午只能在学校附近的"小饭桌"吃饭，40% 的学生没有每天喝一袋奶的习惯，学生营养状况不良，身体素质堪忧。

环境恶劣、条件艰苦、家庭影响是好多学生没有养成基本的卫生习惯的客观原因；不具备生活打理能力，没有将整洁作为自我的重要品质是导致学生卫生差的主观原因。家庭经济条件、家长工作的性质是学生饮食无规律的客观原因，自我及家长没有深刻认识到饮食无规律对身体的危害是主观原因。家长和学校在这些方面都有引导和教育学生的责任，这些状况得到一定程度的改善是有希望的。"爱干净，有条理"理应成为学生发展的最基本的目标。

4. 学生知识基础差

1000 余名学生中，每年有 80～100 人在流动，占总人数的 8% 至 10%。断断续续的学业，以及教材不同、课程不同等，是学生知识断层严重、学习基础差的客观原因。缺乏学业上的自信、缺乏查漏补缺的主动性、没有良好的自学习惯、不会寻找学习资源（只有少数学生办理了区图书馆的借书证，绝大多数学生闲暇时间就是写作业、看电视、玩电子游戏、找小伙伴玩），是学生学业进步缓慢的主观原因。

学校及教师通过课程设计、课堂教学、班级生活、社会实践等多种途径，培养学生学业发展能力，使之"在行为上表现出自主性，即自发、主动、自动、探索、投入、坚持、选择、协商和自我调节等特性"，帮助每一名学生成为"善学习、敢自主"的人，是学校教育的重要任务。

5. 部分学生自我缺位

在座谈中，有近 30% 的学生没有想过将来自己要做什么工作，不知道自己的优点是什么，对自我的认知贫乏。

鉴于此，我们认为教师、家长对孩子的评价及亲子、师生、生生间的互动交流需要加强。要引导孩子们思考：我的优点是什么？我的兴趣、爱好、潜能在哪里？长大了我要做什么？我希望长大以后做什么样的人？为了将来我该做哪些准备？帮助学生主动认识自我、评价自我、肯定自我、发展自我、完善自我具有现实意义。

6. 学生朴实乐观不慕虚荣

尽管绝大多数学生家境窘迫，但这些孩子除刚入校时感觉陌生，有些胆怯外，很快能融入集体，表现出乐观、质朴的天性。在他们心中几乎没有穿名牌、吃美食的攀比之心，家长给买什么衣服就穿什么衣服，早早学会了"延迟满足"，正如很多家长所说的，"孩子很懂事"。

7. 学生自理能力、适应环境能力强

绝大多数来京务工人员家庭都有两个以上的子女，当家长忙起来的时候，照顾弟弟、妹妹饮食、起居、学习的任务就落在了年龄大一点的孩子身上，正所谓"穷人的孩子早当家"。孩子们习惯了和家长一起迁移、漂泊，习惯了经常要和学伴、密友离别和结识新的学伴、朋友。这种环境反而锻炼了孩子的自理能力、环境适应能力，有助于人际交往能力的形成。

在和家长、孩子们的接触中，我们能强烈地感受到：在这些来自社会底层的孩子及家长的内心深处，有更为强烈的得到教师及全社会尊重的愿望。他们渴望平等地接受优质教育，希望改变命运，向往美好的生活。家长希望学校更多地承担对孩子的教育指导任务，也希望学校更多地与家长沟通，愿意与学校一起帮助孩子成长。

我们认识到，这些社会底层的家长们乐观的生活态度，吃苦耐劳的精神，积极发现并抓住工作机会的顽强生存能力，有情趣的、温馨的家庭生活，良好的生活打理习惯，善良、质朴的人格特性……给孩子健康自我的形成与发展带来的是积极的影响。但是一些家长对孩子的过度放任，消极的生活态度，精神追求的匮乏同样也给孩子带来了诸多消极影响。

为孩子营造一个良好的成长环境，和孩子建立基于相互信任的人际关系，满足孩子成长中的合理需要，呵护孩子自主性机制的逐渐成熟，帮助孩子明确发展目标，是学校、社区和家长的重要责任。

（二）学生需要分析

调研结果引发我们深入地思考：我们的学生与其他学校的学生在需要的内容和程度上究竟有何异同？

1. 我们的学生不喜欢干净吗？

经常会看到我们的学生穿着脏衣服上学，闻到孩子身上有异味，从而得出孩子卫生习惯差的结论。但调查问卷中，我们的孩子几乎都知道每天要刷牙、洗脸、洗脚、洗内衣，要经常洗澡、洗衣服，也知道干净

的话身体舒服，心理自信。但为什么认识得到却做不到呢？一是他们的"重要他人"没有给他们提供这个条件，没有直接满足他们这方面的需要；二是学生自己不会和"重要他人"协商解决问题，比如跟学校协商建洗浴室，跟妈妈协商把衣服洗干净。三是很多学生，尤其是低年级学生还没有自己洗澡、洗衣服的能力。总之，我们的孩子一样有干净的需要，问题在于老师和家长没有通过指导和帮助满足他们这个需要。

2. 学生的自我为什么会缺失？

孩子不知道自己的优势是因为我们很少给他们展示的机会；学生没有理想是他们对社会缺乏足够的认知和兴趣；课堂上被动地接受，不能让学生感受到自己的自发性、创造性和自我控制的力量；妈妈买什么衣服孩子就穿什么衣服，剥夺了孩子自我选择的权利……其实，家长完全可以在经济条件允许的范围内让孩子自己去挑衣服的颜色、款式、面料。简而言之，主要是家庭教育和学校教育的不科学导致学生自我缺失。

3. "平等"对外地孩子来说为什么那么重要？

中国现行的户籍制度、升学制度让外地家长和学生看到和感受到诸多的不平等：外地孩子不能上本地的公立幼儿园、高中；不能像本地学生那样就近进入本地的小学、中学，而是进入指定的小学、中学；将来的就业也将严重受到户籍的影响；在社会上遭到其他方面的歧视。外地孩子强烈需要平等对待，强烈期盼优质教育。

4. 我们的孩子还有哪些需要？

我们的孩子同样有本能的兴趣，这些兴趣需要在学校提供的课程、活动中去满足；同样有成长的需要，这种成长需要爱和成就感的伴随；同样有交往的需要，亲密和温暖的师生关系、同伴关系是他们的期盼。可以说，在人类的需要上，我们的学生与他们的同龄人一样丰富，只不过对一些特定需要在一定程度上会表现得更强烈些。

5. 家长对孩子的期望为什么不高？

在与家长的座谈中，我们发现绝大多数外地家长还没有想过希望孩子将来做什么，给我们的感觉是他们对孩子的未来没抱有过高期望，只要孩子健康长大，将来能自食其力就行了。究其原因，还要回到当今的高考制度上。他们的子女不能在北京参加高考，回原籍高考升学率远远低于北京的升学率，真正能通过高考改变命运的人很少。因此，有相当大比例的家长对孩子上大学不抱有希望。但是，希望孩子未来比自己过得幸福是所有家长的愿望，学校应该让所有家长都对自己的孩子充满希望。

上述调查内容为我们具体思考应该把学生培养成什么样的人、应该提供给学生什么样的学校教育、应该创办什么样的学校提供了很多具体的信息，使我们对上述问题的思考有了更为明确的方向，也使我们认识到在分析学生具体情况的基础上，才能理性地做好教育工作。

三、根据自我发展需要确定学生培养目标

（一）学生培养目标的表述

做有梦想、肯投入，爱干净、有条理，有情趣、爱生活，讲诚信、负责任，懂感恩、会关爱，善学习、敢自主的现代少年。

（二）根据自我发展的需要明确学生培养目标的具体内涵

在这里，我们试图深入理解自我发展的需要，从目标是什么和其具体表现两个方面诠释目标的内涵。

1. 有梦想，肯投入

有梦想，指有理想、愿望和目标。梦想可以是职业理想——长大我要做什么，也可以是人生理想——我要成为什么样的人；可以是希望我自己将来达到什么目的，也可以是希望我能帮助他人、团体实现什么愿望；可以是短期目标、具体目标，也可以是长期目标、宏观目标。

有梦想的孩子表现为：有自己的榜样或者目标；会为了自己的梦想安排自己的时间，有自我规划。

好的梦想即可能的梦想，梦想要植根于对自己的丰富认识的基础之上；要植根于自己历史的、自然的独特性之上；要有利于自己优势的发挥。

梦想的实现：将当下的学习与自己的梦想联系起来；舍得放弃并投入时间、精力和热情；得到"紧密的大多数人的认可和支持"。

肯投入，指聚精会神，全力以赴。

肯投入的表现为：舍得放弃其他的需要，心甘情愿付出时间、精力、热情；遇到困难、挫折不放弃；千方百计寻找解决问题的新途径、新方法、新方案；敢于面对失败，失败只是具体事情的失败，但换来的是自我的发展。

梦想是人的生命之舟前行的灯塔，是自我服务的"主人"，是人的行为的方向，是自我发展的推动力之一。理想发端于人类本能对美好的追求，形成于对未来的规划得到自我和周围人的认同，成熟于对社会的认知和基本信任的基础之上。

我们希望每个孩子无论贵贱、无论美丑、无论健康与否，在自我的内心深处都有一个美好的梦想，我们更希望孩子能为心中的梦想而坚持不懈地努力追求。孩子的梦想会不断变化，这是一个尝试的过程，期望有一天，孩子们能找到真正属于自己的梦想。因为我们希望孩子有一个比家长、比教师更美好的人生。

投入和专注，在本质上是选择与坚持，这几乎是所有成功人士的共同人格特质。正如马丁·路德·金在演讲时经常引用的那首无名诗中写到的："假如你命该扫街，就扫得有模有样，一如米开朗基罗在画画，一如莎士比亚在作诗，一如贝多芬在作曲。"

2. 爱干净，有条理

爱干净，指讲卫生，爱清洁。

爱干净的表现为：有良好的个人卫生习惯；主动打扫自己居住、学习、活动环境的卫生；保持公共环境的卫生，不乱扔垃圾，不随地吐痰；不吃"三无"食品。

有条理，指生活、学习有秩序，思想、言语、文字有层次。有条理是有目标的具体体现。

有条理的表现为：物品摆放有序，如自己的课本、文具、学具、衣服、玩具、钥匙等有固定位置，有合理的顺序；思维有逻辑性；表达有层次。

爱干净，是对自己的尊重，对健康的尊重，对尊严的尊重。爱干净，能得到他人的欢迎，提高自己及他人的生命质量。有条理，能提高生活、学习的效率和质量。从养成爱干净、有条理的习惯做起，提高生活自理能力和系统有序的思维能力。

3. 有情趣，爱生活

有情趣，指有情调趣味。爱生活，指感受并追求生活的美好。

有情趣的表现为：有自己喜欢的活动、喜欢干的事；会合理安排学习与娱乐活动；会通过创造性的劳动提高生活品质，如自编游戏、自制玩具、用废旧原料制作艺术品、粗粮细做等。

爱生活的表现为：总能看到生活中美好的一面；会理财，能够根据自己的经济条件打理好现有的生活，提高生活品质；能发现机遇和机会让生活有所改变；会改变生活节奏、生活习惯，设计有情趣的生活。

人生的终极目的是幸福，我们不能总把幸福寄托于未来。有情趣、会生活，会让我们在任何境遇下都留有一种心灵的安逸与平静；有情趣、会生活能平复心中焦躁的涟漪；有情趣、会生活能让人感受到当下的幸福与美好；有情趣、会生活能够让身边的人感到温暖和幸福。

4. 讲诚信，负责任

讲诚信，指诚实，讲信用。

讲诚信的表现为：不说谎话；忠于自我，言行跟内心的想法一致；遵守规则；答应别人的事情坚决做到。

负责任，指由于规则或由于爱而担负责任。

负责任的表现为：知道自己对于自己、他人、团队、环境的责任是什么；尽力做好自己分内应做的事；不推卸责任；承担因没有做好分内的事而造成的后果。

讲诚信是与他人建立相互信任的基础，讲诚信同样是实现自我内心宁静的关键。只有讲诚信，才能保持自尊和赢得尊重。只有负责任，自我才能在负责的经历中感受到价值和意义，只有每个人都担负起应负的责任，个人生活和社会生活才会更美好。

5. 懂感恩，会关爱

懂感恩，指知道对他人所给予自己的帮助表示感激，是接受爱的基础上爱的给予。

懂感恩的表现为：对他人所给的关心、帮助、恩惠等有敏锐的感知；能够对他人所给予的关心、帮助、恩惠等表示感谢；对他人所给予的关心、帮助、恩惠等设法报答；做施恩者期望自己成为的那种人。

会关爱，指会关心、爱护他人或事物。

会关爱的表现为：认识到自己与他人、自然环境、社会环境不可分割；对他人及事物怀有深深的情感；对弱者有同情、怜悯之心；尊重他人，能够在交往中顾及他人的感受；为他人提供力所能及的帮助。

一个懂感恩的人会在失败面前看到成功，会在挑战面前看到机遇，会在黑暗中看到光明，会在冷漠中看到温暖，这样的人总能看到事物积极的一面，心中总是充满希望。会关爱建立于懂感恩的基础之上，是自我对感受到的他人的爱的回报。会关爱的人会选择适当的时机、适当的方式让对方感受到自己的关注、关心和爱。

6. 善学习，敢自主

善学习，指善于学习新知识、新技能，建构起自己的大知识结构和自我发展能力系统。

善学习的表现为：对学习本身有一个正确认识——学习就是一个发现的过程；能够认识到学习内容的意义和价值；有自己的学习方法；独立思考，有自己的主见；能够发现并把握学习机会；主动寻找学习资源；能够运用所学知识解决实际问题；形成稳定的思维方式和行为方式；乐于与同伴交流、分享自己的学习体会、收获和快乐。

敢自主。敢，是勇气；自主，是自我的外在特性。

敢自主的表现为：忠于自我，按自己的意愿行事，在学习、生活、与人交往等方面，在行为上表现出自发、主动、自动、探索、投入、坚持、选择、协商和自我调节等特性。

学习是没有边界的，自我的发展与完善也是没有止境的。只有坚持终身学习、善于学习的人，自身的天赋、爱好才能最大化地发展。只有做事敢自主的人，其自身所蕴含的能量才能充分地迸发出来。善学习、敢自主是实现自我最大价值的重要途径和前提。

（三）学生培养目标各学段具体要求

我校对学生培养目标各学段的具体要求见下表：

平谷区第二小学学生培养目标学段要求

学生培养目标	低年级段	中年级段	高年级段
有梦想，肯投入	有想当科学家、音乐家等美好的梦想；专心听讲，并能完成学习任务	有自己的偶像，喜欢了解偶像的优点，投入精力模仿、学习；对自己的理想进行重新认识，理想会有趋于现实性的改变；愿意和亲人、老师、伙伴交流自己的理想	能把理想的确立与自己的兴趣、优势结合起来；为理想的实现肯付出时间、精力，舍得放弃其他追求、诱惑；能为理想实现确立短期目标、长期规划
爱干净，有条理	每天自己洗脸、刷牙，饭前便后洗手；衣服整洁；带好"四个一"（一顶小黄帽、一块小毛巾、一卷卫生纸、一瓶白开水）；不乱扔垃圾；不吃"三无"食品；能按课表准备学具，用完马上收拾好；作业页面整洁	养成每天洗漱，定期洗澡、理发的习惯；睡前能把第二天穿戴的衣服、鞋帽、红领巾整洁、有序地准备好；教材、学具在书包、课桌中有序摆放，不遗失；回答问题有条理	形成良好的卫生习惯，会洗自己的衣服；自己的物品摆放在固定位置；自己收拾房间，房间整洁；阅读的书籍能分类整理；条理清晰地表达自己的思想

学生培养目标	低年级段	中年级段	高年级段
有情趣，爱生活	喜欢摆弄自己的玩具；喜欢和小朋友做游戏；积攒零钱，购买自己喜欢的物品；喜欢和父母在一起，喜欢自己的家	有自己的兴趣、爱好；对穿着有自己的审美需求；喜欢和同学、父母、老师聊天，分享快乐；能专注地做自己喜欢做的事；不乱花钱，购买物品有计划	有相对固定的兴趣、爱好并付出一定的精力；能自己装饰房间；会调节自己的情绪，乐观面对挫折；尝试自己做饭、自制玩具；会理财，享受节约的乐趣；劳逸结合，喜欢运动，生活作息有规律
讲诚信，负责任	不说谎，言行一致，答应别人的事能做到	犯了错误勇于承认，并承担责任；遵守学校、社会规则；能为老师、家长的嘱托付出努力	真诚地和别人交往；量力而行，不轻易发誓言，承诺的事一定做到；能主动做好自己该做的事情；能思考自身的责任，主动承担家庭、学校、社会责任
懂感恩，会关爱	能对亲人、老师的劳动说"谢谢"、"您辛苦了"；听父母的话，不顶撞父母	能帮助父母做家务，关心父母的健康；能尊重老师的劳动，和同学友好相处	主动承担起家庭部分劳动任务，帮父母分忧；能用正确的行为回报感恩；参与社会公益活动，主动帮助弱者
善学习，敢自主	能听懂并完成学习任务；喜欢动手做、动口说、动脑想、动笔写	独立思考、主动质疑、敢于尝试，有自己的见解；会倾听，主动和同伴交流，分享学习收获；不轻易否定自己的学习能力	有自己的学习方法；主动发表自己的见解；主动寻找并利用学习资源；运用所学知识解决实际问题；客观地分析自己的优势、劣势，扬长避短

（四）校训：追逐梦想，热爱生活，自强不息

为了让学生熟悉和不断理解学生培养目标，我们根据目标的内涵，提炼出校训：追逐梦想，热爱生活，自强不息。

梦想，在这里指的是职业理想和人生目标；追逐，是追赶、追求的意思，有不断接近之意。热爱生活，在这里指孩子能看到生活的每一天都是新的，现实生活是美好的，感受到自己拥有的东西很多，自己做主，掌控自己，在现有条件下创造生活情趣和格调，在享受生活中实现内心的平静与安逸。"自强不息"出自《周易》"天行健，君子以自强不息"，意思是为实现目标，自己努力向上，永远不懈怠。

我们每一名师生都有梦想的权利，都应该有自己的职业理想和人生目标。个人梦想能否实现，尽管要受到社会环境、家庭条件、重要他人的影响，但最为关键的还是取决于自己的选择和行动。因此，为实现梦想，我们需要付出自觉、积极、不懈的艰苦努力，但追求的过程是幸福的、快乐的，因为我们热爱生活。

学校将组织系列主题教育活动，让每一个孩子谈梦想、讲实现梦想的途径；鼓励孩子们策划并实现一个一个小小的梦想，感受到自我的力量，在每一名学生心中埋下梦想的种子。

激励学生："心若在，梦就在"，任何困难都阻挡不了我们追求梦想的心，我们要用阳光的心态面对生活，勇于承担生命的责任，乐观自信，执着前行。

以上就是我们对平谷二小"追逐梦想，热爱生活，自强不息"的生命教育的认识和理解。我们将在此基础上，践行生命教育，提高教育质量，创建学校特色，给每一个家庭以希望，给每一名学生一个美好的未来。

参考文献：

李娜.2011.当代美德伦理论域下"幸福"概念之诠释[J].求索（1）：110.

以"我"为中心构建光明教育

光明小学　廖文胜

带着对刘永胜校长的崇敬之情，带着对光明小学的无限期待，2009年我从重庆巴蜀小学来到了北京，来到光明小学。光明小学的"光明"二字来源于地理，但在我心中却代表着人心的渴望，象征着教育的本质。光明小学、光明教育、光明学生成为我在光明小学工作以来心中萦绕的旋律。

　　光明教育一定是一个丰富的教育世界，具体内涵是什么，是一个需要不断探讨的问题，但有一点越来越清楚，这个世界是"我"的世界。光明教育的整个世界是为了"我"的发展。这一点我是在北京市第二期中小学名校长工作室关于"健康自我"的系统学习中逐渐认识到的。回头再看光明小学的历史，发现"我能行"教育思想就是从"我"出发的教育思想和实践体系。

　　"自我"，一个最初在头脑中总与自私等同的概念，从最初的不喜欢、不接受，到慢慢地接受起来、喜欢起来。这是心理学的一个专业术语。在这个概念之下，蕴含着对人的无数具体而生动的理解。教育是培养人的事业，对人的具体而生动的理解是构建教育最根本的依据。

　　教育的世界是"我"的世界，是"我"的需要得到满足的世界，是"我"的潜能得以发现的世界，是"我"的未来得以筹划的世界。这里的"我"，是学生，是教师，是家长，是干部。学生的"我"的健康，首先要依赖于教师和家长的"我"的健康，教师和家长的健康与干部和校长的健康有关，这就是"你中有我，我中有你"的教育的世界。

"我"是变化的。每个时代，"我"的问题和需要都在变化，"我能行"提出的时候，针对的是学生由于是独生子女而缺乏自信的问题，现在他们遇到的是差距问题，是缺乏生活的问题，是健康的问题。我们需要随着"我"的变化动态地构建孩子们需要的教育。

以"我"为中心构建理想的光明教育，就是光明小学办学的总思路，"光明·我能行，我能行·光明"就是光明教育的内核。

构建光明教育，除了以"我"为中心外，还有三个重要的基础：一是历史的基础，只有植根于光明小学的历史和现实的教育，才是真正的光明教育；二是实践的基础，我们深入实践，了解问题，分析问题本质，从中体验和感悟出的教育真谛就是光明的教育；三是理论的基础，有了理论，光明教育才是清晰的、逻辑的、系统的。

因此，本文将这三个方面的梳理工作表达出来、明晰出来，期望能够在学校的干部教师和家长中展开更具体的讨论，能够就教于更多的教育同行，有机会不断发展光明教育。

一、从"我"出发的"我能行"使光明教育
生根开花

"我能行"是光明教育长河之源头、光明教育大树之根系。

"我能行"教育思想和实践体系是光明小学最为宝贵的历史财富，无论在学校内部还是在全国基础教育领域都产生过深刻的影响。"我能行"教育思想和实践体系非常丰富，很难进行概括，但作为接任校长，必须进行自我的理解，即使这些理解还很不到位。只有梳理出其核心的最有价值的特征，才能清楚地知道如何进行传承和发展。这里的梳理，不是简单地回顾，而是要在回顾中总结其立场和方法论。

反复认识刘永胜校长提出并实践的"我能行"教育思想和实践体系，不断会有新的体会和认识。"健康自我"的视角让我看到了这一体系由于从"我"出发而形成的令人瞩目的特征，体会到从"我"出发的独特的立场、方法论和形式上的价值。

（一）从"我"出发提出响亮的"我能行"，令人心动

"我能行"是响亮的。关于"我能行"的提出，刘永胜校长做过介绍。①

在素质教育的探讨中，光明小学于1996年年初提出"我能行"教育理念。

1996年年初，一份崇文区教科所"关于中小学生心理健康状况的测查报告"引起了刘校长的深思。报告中列出光明小学4~6年级三个抽

---

① 参见刘永胜校长《"我能行"教育的思考与实践》（北京教育出版社，2004）一书第1-2页。

样班学生心理状况的测查结果，其中23.53%的学生有不同程度的"焦虑心理"和"缺乏自信"，反映出学生的心理问题比较严重，令人担忧。同时，刘校长看到大城市中的独生子女意志比较薄弱，缺乏独立迎接挑战的能力，以及一些家长对教育孩子缺乏自信心，学生本身也缺乏自信心、进取心和抗挫折的能力。这样的一代人要面对国际竞争的挑战、国民经济可持续发展的挑战，也要面对新时代择业的挑战、生存的挑战，缺乏自信，怎么能迎接明天的挑战呢？我们的学生要从小学会认知、学会做事、学会合作、学会生存、学会做人，要勇于探索、善于思考、敢于创新，才能面对21世纪的挑战。这就要求他们不仅要有坚定的政治方向，良好的道德水平，扎实的文化科学知识，而且必须具有适应社会环境的优良的心理品质和人格特征。自信心和进取精神是心理品质的重要组成部分，因此，光明小学于1996年年初明确地提出以培养学生的自信心和进取精神为重点，开展"我能行"教育。

1996年上半年的一次校会上，刘永胜校长结合开展自信教育向同学们讲述了报上刊登的一个小故事：一名小学生，虽然有家庭不幸的遭遇和个人身体残疾，但他克服了同龄人难以想象的困难，取得成功，成为强者。当时他引用了报上的一句话——"行，我能行，别人能做到的我也能做到"，并要求全校师生诵读，背下来。这样，把"我能行"的口号提了出来。这个口号有助于学生树立自信心，战胜自我，战胜挫折，迎接各种挑战。随后，学校又相继提出"别人说我行，努力才能行"、"不但自己行，还要帮助别人行"与"你行，我更行"，初步搭设了"我能行"教育在学生层面的行为框架，即"我能行"—"努力才行"—"帮助别人行"—"我更行"。对此，《中国教育报》称之为"我能行教育四部曲"。之后，学校更明确地提出：让每个孩子从小说"我能行"，拉开了"我能行"教育的序幕。

"我能行"教育思想和实践体系内涵丰富，但是给人留下最深印象的是八句话：相信自己行，才会我能行；别人说你行，努力才能行；你在这点行，我在那点行；今天若不行，争取明天行；能正视不行，也是我能行；不但自己行，帮助别人行；相互支持行，合作大家行；争取全面行，创造才最行。

这八句话包含了递进的四个层次。第一层次为"相信自己行，才会我能行"和"别人说你行，努力才能行"两句，中心是相信自己、努力争取。第二层次为"你在这点行，我在那点行"、"今天若不行，争取明天行"和"能正视不行，也是我能行"三句，中心是承认差异、悦纳自我。第三层次为"不但自己行，帮助别人行"、"相互支持行，合作大家行"两句，中心是提倡互助、学会合作。第四层次为最后一句"争取全面行，创造才最行"，中心是全面发展、勇于创造。

这八句话蕴含了现代教育理念的许多重要观点，较全面地概括出"我能行"的内涵以及做到"我能行"的途径。八句话通俗易懂，朗朗上口，便于记诵，成为"我能行"教育的标志性语言。"我能行"八句话在学生、教师、家长中广为流传。

与这八句话对应的是，教师在行动中有非常明确的要遵循的五条原则：

① 平等原则。平等地对待每一个学生，为每一个学生提供平等地表现"我能行"的机遇；建立平等的师生关系，使学生在和老师的交往中感受到安全、平等、民主。

② 差异原则。承认学生个体原有的差异和发展中的差异，对不同的个体采取不同的教育方法及评价尺度，最大限度地发挥学生的潜能。承认学生在原有的基础上进步就是"我能行"。

③ 激励原则。对学生关注、赞赏，善于发现学生的点滴进步，相信每一个学生都有比别人强的"闪光点"；运用"正强化"理论，强化学生的良好行为。

④ 主体性原则。学生是教育教学活动的主体。尊重学生，给予学生参与表现的机会与权利，让学生在参与中充分体验自我价值，树立信心，感到"我能行"。

⑤ 创造性原则。学生在教育教学活动中的"再创造"是活动的灵

魂，要让学生拥有创造的权利，给学生留有创造的时间和空间，使其获得创造的体验，得到鼓励、启示，引发学生创造的兴趣，让他们从小敢于创新。

这五条原则贯穿于"我能行"教育的全过程，是"我能行"教育的实施准则。光明小学的老师们正是以这五条原则在"我能行"教育中开拓进取，创造性地工作，构建了新型的育人模式。

从"我能行"教育理念的提出可以看到，"我能行"是刘永胜校长始终关注学生之"我"，应"我"的问题，急"我"之所急的结果。这体现了一位真正的教育工作者的立场、视角和敏感。

"我能行"三个字、"我能行"的八句话以及上述五条原则，都充分体现了刘永胜校长以及他所领导的团队的智慧。这些智慧来自哪里？我想，"我"的立场至少是一个重要的原因。由于从"我"出发，使得"我能行"的口号和思想生动具体，深入人心，见于行动。这说明，当教育工作者站在"我"的立场说话的时候，教育就会自然生动起来。站在"我"的立场思考问题实在是太重要了！

（二）以"我"为中心海纳百川又内聚自身，形成"我能行"教育理念的特色和宗旨

关于"我能行"教育理念的特色，刘永胜校长也做过系统的梳理。①

"我能行"教育汲取了快乐教育、成功教育、和谐教育、创造教育、主体性教育等素质教育成功模式的合理内涵，即尊重人的基本权利，强化学生的自我意识，注重学生情感领域的需求，让学生在各方面有充分的表现机会，挖掘学生的潜能，促进学生全面发展。"我能行"教育在这些现代教育观的基础上，逐步形成了自己的特色。

① 适应小学阶段儿童心理发展的需要。从儿童心理发展的角度，强调尊重学生人格和个性发展，培养自信，保持自尊，激发勤奋，从而帮

---

①参见刘永胜校长《"我能行"教育的思考与实践》一书第 3-4 页。

助学生完成小学阶段的心理发展和学习任务。"我能行"教育正是遵循儿童心理发展规律，努力给学生创造表现自我、获取成功的成长氛围，使学生在成功的体验中爱学习。

② 强调教师和家长对学生成长的影响。教师和家长应共同努力为学生创设一个宽松的支持性的成长环境，帮助每个学生在进取中体验成功。在学生成长的过程中，教师和家长不仅要告诉他应该怎样做，更要帮助他努力做到，从心理上、行为上给予充分鼓励，为学生的成长创设一个欢乐、和谐、宽松的氛围，帮助每个学生都有成功的体验。

③ 注重学生成长过程中的体验。突出成功的体验不是终极目的，关键是从小帮助学生在成长过程中正确对待成功与失败，既能从成功中获取自信，也能从失败中学会反思，面对困难顽强进取。"我能行"教育绝不仅仅是让学生获得成功的快乐，更主要的是让学生在努力过程中获得各种体验，包括成功的体验和失败的体验，让学生在成长的过程中建立良好的自我概念（自我体验、自我认识），从而面对现实真正做到"我能行"，并且满怀信心地走向明天。

④ 坚持多角度评价学生。根据多元智能理论，充分看到每个学生的长处，采用积极的评价，最大限度地挖掘每个学生的潜能。在"我能行"教育中，我们坚信每个学生都有自己的长处，都有优于别人的"第一"，多一把评价的尺子，就会多出一批好学生。

⑤ 突出教师与学生共同成长、家长与孩子共同提高。"我能行"教育中不仅仅是学生在成长，教师也在实施过程中不断学习现代教育理念，找准自我、接纳自我、反思自我、超越自我，从而使自身素质得到提升，与学生共同发展。家长在"我能行"教育中参与学校活动，学习科学的教子方法，进行亲子交流，对教育好孩子同样充满自信，也和自己的孩子共同提高。

"我能行"教育有明确的宗旨：让每一个学生都有获得成功的体验，从而自信、自尊、自爱、自强，满怀信心地迎接明天。这个宗旨有以下三方面的内涵。

① 体现了素质教育使全体学生全面发展的要求。素质教育力求每个学生都能得到发展的机会，并且在原有基础上都得到应有的发展。因此，"我能行"教育的宗旨强调了"让每一个学生"都能得到发展。只有"每一个"学生都得到发展，素质教育的"两全"要求才能得到落实，因为"全体"是由一个一个的"个体"组成的。

② 体现了成功的体验对学生成长的重要性。成功的体验对学生的成长是十分重要的。学生在成长中为达到某一个目标而努力奋斗，最终取得了成功，这里有成功后喜悦的体验，也有争取成功过程中受到挫折的体验，以及战胜挫折的快乐体验。这种成功的体验将产生强大的内驱力，促使学生继续努力，争取达到新的目标，然后再获得新的成功体验。在这个不断进取、不断体验的过程中，学生的自信心逐渐形成，从而真正体现"我能行"。

③ 体现了小学阶段的教育任务。小学阶段的教育任务是为学生走向明天打好基础。"我能行"教育正是要使每一个学生在六年的小学生活中，通过各种体验感受成功，为学会做人、学会学习、学会生活、学会做事打好坚实的基础。特别是要培养学生的自信心，使其对未来的生活、学习充满信心。一个有自信的人，面对各种挑战将会锐意进取，会在事业和自己的人生中获得成功。

从刘校长总结的"我能行"教育理念的具体特征看，"我能行"教育理念具有海纳百川而又内聚自身的特点。"海纳百川"就是将各种先进的教育理念融汇到"我能行"中；"内聚自身"是从心理学家科赫特那里学来的一个概念，基本含义是自我具有将关注和能量投向自身并不断发展自身的特点。

二、在"我"的实践和思考中提出"光明·我能行，我能行·光明"

来到光明小学，我的内心一直怀着对"光明教育"的理想追求，但是，对光明教育应该是什么样的，具体内涵是什么，我并不清楚。光明和光明教育，最初只是一种美好的意愿和憧憬，这种意愿和憧憬在实践中逐渐具体起来、丰富起来，现在回过头来看，归根结底还是源自对"我"的关注和思考。

（一）在对一件一件事情的"我"的思考中理解光明教育

光明教育要在光明小学的实践中产生。只有植根于光明小学的问题解决，植根于干部教师在解决问题中形成的智慧和精神，光明教育才是真实的。

1. 对城南校区孩子的"我"的别样情感使我理解光明教育

这里的"我"是我自己，更是我不断体察和调研的城南校区孩子们的"我"。

光明小学 1960 年建校，位于北京市中心城区东城区东南部，毗邻优美的龙潭湖畔。光明小学目前一校三址：光明小学本校区、光明小学幸福校区和光明小学城南校区。幸福校区距本校区 5 分钟的路程，是住读生部，目前在校住宿学生 260 人。城南校区坐落在丰台区和义地区，是光明小学一个特殊的校区。

城南校区地处丰台区和义东里，距本校区 11.5 公里。其前身为丰台区和义小学。和义地区的大部分居民原来都居住在原崇文区花市地区，由于城市建设和发展的需要，他们搬离了居住多年的城中心的老房子，搬到了四环外的和义地区。由于该地区自身教育资源匮乏，不能满足居民子女的入学需求，原崇文区政府批准在和义东里地区建了一所小学，即和义小学。随着人民群众对优质教育的需求和渴望日益增长，政府与光明小学携手，于 2000 年接管和义小学，并正式挂牌命名为光明小学城南分校。虽叫"分校"，实际与光明小学其他两个校区为同一法人，同样的行政管理，实为光明小学的一个校区。2012 年起，光明小学城南分校正式更名为光明小学城南校区。

初接城南校区，我觉得它就像自己小时候上的乡镇小学。城南校区的孩子和家长与本校区的孩子和家长有很大不同，这里生活着社会中最普通的百姓。我多次在学校该校区周围散步，常常看到家长牵着孩子的手，也许是因为生活的负担，也许是因为没有开阔的视野，他们看上去都不像本校区的家长和孩子们那么生动和欢快。但我知道，他们心中有着强烈的发展的愿望。我感受到了老北京人对教育的期待。多么希望孩子们的脸上露出更多的笑容，如果教育能够让这些孩子和家长充满希望，就是真正的光明的教育！在城南校区的干部教师会上，我提出，要让光明小学的阳光照亮城南校区的每一个学生。于是，我在城南校区的操场上召开了全体家长会，和家长们说了半个多小时的心里话，家长们细心聆听的神态深深地印在了我的脑海中。

对学生的内心体察非常重要，但还需要更加具体翔实的了解。为了进一步了解清楚城南校区学生和家长的情况，我们做了一次比较全面的调研。①

此次调研内容涉及学生学前教育情况、学生在学校以外的基本学习环境（跟谁生活在一起、有无独立的学习房间、周末安排、每天看课外书情况等）、家庭情况（是否父母离异、是否低保）及家长的工作、职务、学历、家庭收入、家长家教行为、户籍等。通过各项调研数据的整合与分析，我们发现：23.8%的孩子不在父母的身边；56%的学生没有稳定的课外阅读习惯；31%的学生周末仅是待在家里，无任何活动；59%的学生有偶尔被家长打骂的现象，而10%的孩子经常被家长打骂；9.8%的孩子生活在家庭离异的环境中；学生家长有62.7%是高中或者低于高中的文化程度；52.6%的家庭父母双方或一方无稳定职业或无业。城南校区的学生家庭稳定性不足，单亲家庭、父母离异、长期与祖父母生活在一起等，造成孩子心理缺乏安全感，缺少温暖和关爱的感受。孩子学习的环境和客观物质条件差异较大，家庭收入、生活质量也制约了家长带孩子旅游、亲近自然、体验社会，学生普遍缺乏稳定的课

①此次调研形成的《光明小学学生、家庭、教师基本情况调查报告》获得了2010—2011学年度北京市基础教育科学研究论文一等奖。

外阅读习惯。这些因素都导致孩子们视野局限，知识面窄，生活单调乏味，影响了孩子们身心、思维的健康发展。此外，家长对教育的理解存在局限和误区，教育孩子的理念还比较陈旧，教育方式比较单一，学生在家庭教育过程中所得到的有效启发是不足的。大多数家长忙于生计无暇顾及孩子的教育问题，不能给孩子提供良好的教育条件，教育孩子的问题更多地落在学校方面。

调研从根本上厘清了城南校区发展的症结，指明了校区定位和发展方向，为教师深入了解学生提供了有力的数据支持，也为教师对学生提供有效的干预和帮助明确了方向。

鉴于城南校区学生及其家庭的实际情况，我们认识到，缩小校区之间的差距、实现校内均衡是全方位的立体工程，单单从校园建设、学业成绩上做工作不能解决城南校区的实际问题，也并非城南学生真正的需求；单纯地抓学业质量、强化知识掌握，也不能从根本上提升学生素质并促进其可持续发展。城南学生更需要的是把眼界打开，把心境打开。心宽了，就能够接纳自己，接纳家庭，接纳他人；眼宽了，就能够看清方向，找准目标。学生要在更为宽阔的环境空间和内心空间里，不断认识自己、感受他人，学习与人合作、与人分享；教师也需要在更大的空间里观察学生、发现学生、认识学生、引导帮助学生，促进教育思想、教育行为的不断更新和优化，从而真正满足学生成长的需要和教师发展的需要，最终实现师生的共同发展。

这种深入调研给教师和家长带来了很多启发，他们一致认为很受益。学校做好调研后也进行了有针对性的科学分析。

2. 教师和学生的健康最让人忧虑，健康是光明的基本要义

2010 年暑期，我校教职工进行了一年一度的防癌体检，参加体检的老师共计 138 人，其中男性 17 人，女性 121 人。体检发现的健康问题有：① 血脂含量异常 37 人，血糖或尿糖升高 6 人，轻中度脂肪肝 20 人，血尿酸高 10 人，体重超重 42 人；② 胆囊结石、肾结石 5 人；③ 女性乳腺增生 61 人，乳腺结节、囊肿 16 人；④ 肺部纹理改变 11 人；

⑤ 子宫肌瘤 19 人，附件囊肿 5 人；⑥ 子宫细胞学异常 8 人。本次体检发现老师们的身体状况并不乐观，慢性咽炎、颈椎病等职业病和心脑血管病等都在威胁着老师们的健康。由此可见，呵护教师的健康亟须引起社会的关注。

这项工作得到了全体教职工的高度关注，学生家长也认为，这项工作既是对教职工负责，更是对学生负责。

针对教师的健康情况，学校特邀中国癌症基金会常务副秘书长余瑶琴、中国医学科学院肿瘤医院防癌科袁凤兰教授到学校为老师们做讲座。同时，学校严格控制学校菜品的用油和用盐量，丰富老师们的伙食，开辟了一间教师餐厅和一间教师书吧。

学校更加关注学生的健康，明确提出：每一个教职员工都要为减轻学生过重的课业负担想实招、做实事；都要为降低学生的近视率尽心、尽职、尽责，推进"学生近视成因分析及干预措施和效果"项目研究；特别关注 14 名健康体质不达标的学生，有针对性地为他们制订个人锻炼和膳食营养计划；改进课间操，让课间操成为学生向往的时间等。

在学校认真开展关于师生健康的各项工作之时，恰逢"为了孩子健康快乐成长"教育论坛召开，① 又正好遇到了北京市第二期名校长工作室第三工作室的研究主题"健康自我"。所有这些，都将"健康"凸显在我们面前，使我们认识到健康是光明的必然要义。

3. 以情趣涵养教师和学生的健康与智慧

教师和学生的健康问题很多源自他们的内心世界。学生天天学知识，教师天天教知识，如果没有一个安全有尊严的内心世界，没有一个生动丰富的内心世界，没有一个滋润的内心世界，就不会有由内而外的舒展与健康。情感、兴趣、特长是最能体现人本质和个性的内容，也是

---

① 为了更好地配合全国教育工作会议及《教育规划纲要》的宣传，由国务院参事室、光明日报社、中国教育学会、中国教育电视台共同举办的"为了孩子健康快乐成长"教育论坛，于 2011 年 12 月 11 日（周日）在钓鱼台国宾馆举行。全国教育专家集聚，共同讨论孩子们的健康快乐问题。

人内心世界中最滋养人的成分，涵养着人的健康和智慧，也能使人对未来充满期待。

有情趣的环境滋养人。作为美术教师出身的校长，我更关注美好环境对人的影响。我们请书法家书写"我能行"的八句话，并将其展示在会议室。同时，我们在师生、家长中征集学校专用教室名称，如大队部——致远、学生阅览室——源泉、音乐教室——旋律、舞蹈教室——舞韵、围棋教室——黑白、书法教室——墨趣、美术教室——缤纷、陶艺教室——乐陶陶、信息教室——IT园、教师书吧——明明德等。功能室牌选用原生木材材质。另外，打通北楼与东楼的通道回廊，设立开放的学生阅览室和小电影室等。最后是通过教室布置营建学生们的学习生活空间。教室四周墙面尽可能提供给每一个学生作为展示空间，营造伴随学生学习进程的校园生活现场。

在充分调研学生家长需求、学段团队教师资源、学校硬件条件的基础上，各学段团队围绕光明教育理念、育人目标、学生年龄特点、学生培养计划开发课程。情趣特长课程以团队为单位，团队内 2～3 名教师自由组合，共同开发七个领域（艺术、体育、科技、德育实践、生活、国际视野、传统文化）的团队情趣特长课程，满足学生个性、兴趣、特长的需要。课程开发研究贯穿课程建设的全过程，学生、家长和教师的调研也贯穿始终，我们希望通过不断调整、补充、修改课程，最终形成自己独特的团队情趣特长课程。

4. 开启智慧，才是光明的课堂

课堂是师生共同学习和生活的基本场所，这里所发生的一切决定师生共同的生命质量。通过大量听课后的统计分析，我得出几点基本认识：

第一，教师普遍教学逻辑性强、工作认真负责，但在教学方式、知识面、学科之间融会贯通及由此及彼的能力上还存在不足，理念与实践之间还存在一定的差距，不完全符合《国家中长期教育改革和发展规划纲要（2010—2020 年）》提出的培养学生学习兴趣，丰富实践活动，倡导自主探究的学习方式，进而提高教育教学质量的要求。

第二，教师普遍重视讲授式教学，对学生自主学习能力的培养不够。应对策略是，充分分析低、中、高年段学生的共性特征，教师以此为认识基础，选择与之相适应的教师角色。如在低年级，教师的角色是教学，就是教学生学；在中年级，教师的角色是导学，就是引导学生学；在高年级，教师的角色是伴学，就是学生先行、教师陪伴。知识是永远教不完的，教是为了不教，要增长学生的自主学习能力，要开启学生的智慧。

第三，高度重视各门学科育人的公共教育价值。我们认为有必要进行学科间的整合，对同学科的知识与能力进行拓宽和拓深，发挥教书育人、启智的功能。

第四，用科学研究的方法自我诊断，书记、校长带头召开家长、学生、教师座谈会，倾听学生、家长、教师真实的声音。

在以上基本认识的基础上，我们提出了一些明确的改进措施：① 重视教师用真心、真情推动课堂；② 自主才能有智慧，小学低、中、高三个学段按照教学、导学、自学耦合递进；③ 重视开课 3 分钟、课中 2 分钟、结课 3 分钟的设计，让课堂节律符合学生生命节律；④ 健康才能有智慧，要关注学生和教师的健康。我们明确提出"光明课堂"，真情的、智慧的课堂才是光明的课堂。

5. 打破教育的隔离，组建学段团队，举办家长沙龙，让教育的力量汇聚到"我"

面对三个校区，而且是不平衡的三个校区，怎么管理？各自为战，学校就不能成为整体，更无法实现校内的均衡发展。因此，需要打破这种隔离。于是，我们制定了三个校区的干部轮换制度，让每一位干部心中都装着三个校区的学生。

长期以来，在学校教育中，教师都是学科教学出身，然后就是做班主任工作。教师们平时忙于自己的教学和班主任工作，彼此之间缺乏深入的交流。要努力拓展教师之间的交流，否则就会出现各学科老师各自为战、缺乏协作的状况，而且心中常常想的还是学科知识，对学生的"人"缺乏关注。另外，如果教师都停留在自己的学科中，就无法进行课程改革。

小学一般分为低、中、高三个年段，我们想通过年段各学科教师团队共同创建课程的过程，研究学生的年段特征，形成共同的育人价值观，在共同做事的过程中建立友谊，分享知识智慧，也使得老师们能够在局部工作中关照整体工作，同时也丰富团队管理者的实践经验。于是，我们在教师中组建了"学段团队"。

除了干部、教师，家长更是学生的重要他人。2012 年 1 月 10 日下午，我们在本校区多功能室举办了光明小学首届家长沙龙活动，来自三个校区的 24 位学生家长和学段团队组长、青年教师参与了此次活动。家长沙龙以"家庭教育中如何关注学生健康"为主题，让家长们分组充分交流、讨论和分享，并将讨论观点以思维导图的形式进行展示；不同组的家长们再就感兴趣的话题进行进一步的思维碰撞。此次沙龙活动不仅为家长搭设了交流平台，也让老师们了解了学生的家庭教育情况，为有效教育教学打开了新的思路。青年教师纷纷表示收获甚大，并感慨地说："我们必须要加强学习，才能跟上时代和教育发展的步伐。"随后，各校区结合工作实际，也分别举办了主题式"家长沙龙"活动，同样取得了好的效果。

（二）提出"光明·我能行，我能行·光明"的教育理念

在以上一件件事情的思考和探索中我们认识到，要将"我能行"与光明教育联系起来，以光明教育赋予光明小学的"光明"以内涵。

1. "光明·我能行，我能行·光明"的教育理念

"光明·我能行，我能行·光明"是光明小学现在的教育理念，是在继承"我能行"基础上的发展。

为什么要在"我能行"上面强调光明，道理很简单：当我们的工作、生活都充满希望时，我们的信念就会更加坚定不移，就没有什么困

难、障碍不能逾越。这里的"光明",一指光明小学,二指光明的教育。

光明寓意着健康,寓意着智慧,寓意着充满希望,这正是教育尤其是小学教育的根本所在。教育对人类就是追求光明,追求真善美,为此,我们明确提出"培养健康、智慧、充满希望的学生"的育人目标。"健康"即是贯穿"健康第一"思想,塑造健康的身心,陶冶健康的情趣,探索健康的机制,培育健康的精神;"智慧"即是遵循生命成长的自然规律和教育规律,因材施教,教学相长,启迪智慧;"充满希望"即是让每一个学生拥有健康、智慧的生命力量、道德力量、知识力量,让每一个学生在播撒阳光中,一生充满光明的希望。

"光明·我能行,我能行·光明"的巡回,是理想的、哲学的表达。一个人能行,是有前提条件的,每当家庭、社会、国家、人类充满光明时,"我"才能行;一个人能行,要回答"我能行"是为了什么,毫无疑问,"我能行"是为了让家庭、社会、国家、人类更光明,如此,"我"才真正能行。

一所让学生充满希望的学校,必将是健康学校、智慧学校、美德学校。

"光明·我能行,我能行·光明",关键是要不断认识"我能行"。我反复讲以下三个认识。

认识"我"。我,是主客观之我。既是教职员工之我,也是学生之我,既是教育者之我,也是受教育者之我。教育者之我,应该有一个标准:为谁培养人?怎样更好地培养人?培养人、教育人的目的、价值和意义何在?为国家培养人才,为各个领域输送最好的苗子,是光明小学最根本的任务,这是重中之重的关键问题。在教学实践上,教育者之"我"——教师的职责在于启迪学生的智慧,要坚持不断地用案例激发学生的学习热情,给学生以启示。当教师用案例启示时,受教育者之"我"——学生要主动地参与配合。从平面上讲,有教育者之"我",是因为有被教育者之"我",两者是共生关系,失去彼就会失去此。让教育者和受教育者统一起来,认识了统一的关系,就弄明白了"我能行"

之"我"的意义。

认识"能"。能，有教育者之能和受教育者之能。教育者之能在客观上的反映是主动性，而受教育者之能在客观上的表现形态是被动性。我的理解，主动者（教育者）要充分掌握好主动的度，主动的"能"要具有自我的约束；而被动者（受教育者）要转化为积极主动的"能"。

认识"行"。行，体现了受教育者和教育者之间的关系。行，表现为生活常态之行，还表现为业务方面的行。如何衡量生活常态之行？中国人是礼仪之邦，注重言行举止，讲究以身作则。教育业务之行，应熟悉教育、熟悉学生，通过细节认识学生的长处和短处，用行影响学生。用一句通俗的话来讲，每一个教育者都是学生的榜样，教师一举手、一投足都会影响学生。

2. 提出"以德为先，健康治校"的办学思路

"光明·我能行，我能行·光明"中的光明的核心是"德"。有德才有健康，才有智慧，才有希望；有德，教育才是温暖的、光明的。我能行是因为有德，有德才有我能行。这个"德"字，看不见摸不着，其实却像空气一样无处不在。光明教育的底线是健康。"光明·我能行，我能行·光明"的内涵丰富，但在办学思路上还需提纲挈领，因此，我们提出"以德为先，健康治校"的办学思路。

要树立"以德为先"的首要思想。"以德为先"回答了教育为谁培养人和培养什么样的人的重大问题，同时强调教师首先应注重自身在"德"字方面的修养，然后实现为家长、为学校、为国家、为民族培养有大德的人的教育目标。所以，以德为先，是"光明·我能行，我能行·光明"教育理念的核心要义。

"德"是我们教育的纲。作为学校来说，首先要把握住这个"德"字。把握住了这个"德"字，学校就能明确为谁培养人的问题。作为家长来说，把握住了这个"德"字，对学生的培养也就事半功倍了。我们提出的学生培养标准是德、智、体、美全面发展。四个字放在一起，形式上是并列的，但没有并列关系，只有从属关系。就某种意义而言，德

即是我们教育的纲。

坚持"健康治校"，就是抓住儿童的本质，促进学生健康成长，这是小学教育的旨归。学生、教师的健康成为我们的重要日常工作。必须时刻把师生的健康需要放在心上。关注了这个问题，减负也就不是问题了。

三、在"自我"和"理想类型"的学习中系统构建光明教育

在经历了三年多实践探索之后，在经历了名校长工作室的系统学习之后，我尝试系统构建光明教育，为学校发展明确努力的方向。

（一）"自我"和"理想类型"

我参加北京市第二期名校长工作室第三工作室的学习，经历了两年多的时间，"健康自我"的思想和系统思维，尤其是韦伯的"理想类型"的系统构造，逐渐在我心里扎根，也逐渐使光明教育走向系统。

1. 健康自我理论的价值

"自我"是心理学的一个术语，它与"自体"概念一起具体描述着"人"。通过自我理论的学习，我们形成了以下认识。

（1）健康自我关注学生人的整体的发展

家长不仅关心孩子的学习，也越来越关心孩子的健康、快乐和幸福。教育工作者也是如此。我们在教育教学中不仅要关注学生知识的学习，还要关注学生的兴趣爱好、人际交往能力、生活自理能力的培养，不仅要推动学生认知的发展，还要关注学生情绪情感的健康发展。

（2）自我的研究使得对人的理解精细化

精神分析学家、人本主义心理学家、社会心理学家一个多世纪前赴后继对"自我"所做的丰富的探索，使我们对人的理解具体、精细了很

多。教育总是强调以人为本，但是，如果没有对人精细的了解，又怎么能谈得上对人的尊重呢？对光明小学的学生和教师，只有做了精细化的具体的了解，才能做好教育工作。

（3）学生的发展过程在本质上是学生自我发展的过程

例如，学生在阅读任何一篇文章时，都会有自己独特的兴奋点，会产生不同的问题，这就是学生自我的映射。如果老师能够让学生将这些不同表达出来，并循着这些不同进行文本的理解，最后抵达对文本的基本思想情感和表达形式的理解，这就是一个因为有自我卷入而得以自我发展的过程。没有自我映射、自我卷入和自我发展，就没有真正的学习。

（4）健康自我要在优势的发扬和问题的解决中发展

自我的核心是需要。人的需要的外在体现方式有问题、兴趣、优势和期望等，其中，优势和问题是最核心的，因为，期望和兴趣以这二者为基础。这就为我们推动学生发展提供了抓手。光明小学三个校区学生各自的优势和问题是什么？分析清楚，就可以从总体上规划各校区的工作。

（5）健康自我使我们认识到"我"是"我能行"的核心和基础

自我由需要、自信和机制构成。"我能行"一直以来所强调的自信就是自我的核心，决定着学生能不能、行不行的勇气。但是，光有自信还不够，还要有自己明确的需要，并且将这种需要明确为目标和理想。有了需要、目标和理想，才能谈得上能不能行。有了目标和自信，还不一定能行，还需要有机制，也就是有才能、有技巧。只有认真培育好自我，才能真正实现"我能行"。

因此，帮助学生建立自信和激发其进取心，是教育的重要任务；帮助学生了解自己的需要、确定目标、构建理想，是教育的重要任务；帮助学生发展各种机制、才能，是教育的重要任务。

2. 系统思维及理想类型

在名校长工作室，季苹教授反复强调，校长的善良和系统思维是学校全体干部、教师、学生的福祉。校长的善良是设身处地为教师和学生着想，就是李烈校长一直告诫我们的"要目中有人"。系统思维就是要对学校工作有一个整体的设计，否则就会出现"按下葫芦起了瓢"的混乱现象。另外，在做每一件事情的时候都要从整体考虑。那么，怎样对学校进行整体设计呢？马克斯·韦伯的"理想类型"就告诉了我们路径。

"光明教育"一直是我内心的憧憬和理想，当我接触到"理想类型"这一概念的时候，内心为之一动：能否将光明小学的光明教育构建成一种理想类型？

我们研究自然的目的是认识自然的规律从而达到对自然的把控，因此，自然科学的研究任务是通过观察和实验把个别事例归入一般规律之下；但文化科学的研究对象是行动，每一种行动的目的都不同，采取的手段也不同，虽然行动有一定的规律性，但研究行动的目的主要是理解当下"这个"行动。也就是说，自然科学的任务是总结规律得出一般的知识，文化科学的任务是认识当下的"这个事件"、"这个人"、"这个国家"等，得出具体的知识。

"理想类型"同样适用于光明小学"光明教育"的理想构造。构造的核心是明确学校的价值追求，而学校各种价值追求中，最核心的是学生培养目标。有了学生培养目标，教师、干部、后勤人员的工作目标相应就容易确定了；有了目标，办学理念、课程等各方面的规定性就都能围绕它来确定。这就是学校的系统构造的逻辑，也就是"光明教育"的构造逻辑。

相应地，自然科学的概念工具"定义"是表达规律得出一般的知识，而文化科学的概念工具"理想类型"则是构造体现价值追求的逻辑上完美的具有典型意义的体现当下"这个"事物本质的思想图像。"光明·我能行，我能行·光明"就是关于光明教育的一种理想的形象表达。

（二）光明教育理想类型的思想内涵

"光明·我能行，我能行·光明"的思想内涵是：坚持科学发展观和素质教育，以健康自我为理论依据，对学生培养目标和"我能行"以及学校教育行动的指导思想形成的系统思考。下面，就其中的每一个词做出具体解释。

1. 第二个"光明"代表学生培养目标

之所以从第二个"光明"开始解释，是因为这个"光明"代表着学生培养目标。

在"我能行"的前面加上"光明"，是为学生的"我能行"明确发展目标和方向。所有人的行与不行，以及成功与不成功，都需要有价值判断、价值引领，否则，就可能会出现偏颇。例如，学生和教师可能会只盯着学习的行与不行、成功与不成功，而将其作为整体的行与不行、成功与不成功。有的家长可能常常认为自己的孩子不吃亏就是行，这种行是争强好胜的行而不是友好合作的行，这样的孩子大了最终会不行。这里的"光明"指的是真正的行，是面向未来的行，是幸福的行。

这个"光明"指的是美德、健康、智慧、充满希望。之所以用这些词，是因为它们本身蕴含着丰富的内涵，也因为它们是一种包含情感的理想化的表达。

美德是自我是否健康的核心。自我在本质上是人的社会性和生理性的协调者。一方面，人与生俱来有丰富的本能需要。人有味觉，就有吃的需要；有听觉，就有听的需要；有嗅觉，就有闻的需要……我们身体的每一个器官都有着丰富美妙的需要。这些需要是天赋的，自我要尊重。另一方面，自我是社会性的，这从人的出生就开始了。婴儿一出生就受到了父母的悉心照顾，并在这种照顾中产生出一种社会依恋。所有的人都是在他人的眼中看到自己，而且，只有当一个人能够关注他人、关注社会的时候，他才真正超越了生理性，才能获得人性中最美好的情感和幸福。而要关注他人，就先要关注自己。理解了自己的需要之后，才能理解他人的需要。"己所不欲，勿施于人"就是一种美德。克里希那穆提（2008）说："你不必读哲学、心理学和精神分析等方面的书籍，因为你就是所有人性的全部内容。""因此在心理上，你就是这个世界。"

"如果你完全理解了'心理上，个人就是世界'这个事实的含义，那么责任就会变成无法遏制的爱。"（克里希那穆提，2010）美德就是关注他人的需要，犹如对待自己一样对待他人。

美德是健康和智慧的核心。

健康：身心健康。养成坚韧勇敢的性格；喜欢运动，有良好的运动习惯；喜欢干净整洁，会自己安排自己的作息时间和休闲时间；有健康的饮食习惯；有基本的生活自理能力；有心事会找人沟通，不是简单地回避或者产生冲突。

社会适应力好，有道德。有独立自主性，能进行自我评价、自我控制。热爱生活，要有群体意识和合作精神，乐于把自己的精力、才能和时间用于集体活动当中。善于与人合作，正当竞争。有遵守社会公德的意识，维护班级、学校的荣誉。具有公平正义感，尊重个人、集体和社会群体的尊严。有广泛的兴趣作为多种健康行为的动因。

智慧：开智启仁，喜爱读书，会学习，形成适合自己的学习方法。有自主能动性，能积极向上地追求目标，有求知的欲望。有创造性思维能力。有辨别是非的能力。有自我教育的能力，能够自己管理自己。知道事物之间是有联系的，树立各项规则。能够运用一种以上的语言，在多种多样的交流模式中，有信心并富有创意地理解、表达思想观点和信息。

充满希望：能够自己肯定自己，对自己充满自信。有丰富的兴趣爱好，热爱生活。有喜欢在一起的同学和伙伴，和老师、父母之间能够沟通，有亲密的人际关系，不觉得孤独。有自己的理想，敢于自主探究，具有一定的自主能力。

2. 我能行

"我"，指的是健康自我的"我"。

"我"不仅仅是主体的"我"，而且是主体的"我"将自身作为认识的对象时具有反身性的理性的"我"。对自身的了解和认识是"我"的核心。我有自己的特长吗？如果没有特长，我有兴趣吗？如果我没有特长，我有基本的能力吗，比如与人交往的能力、生活自理的能力？如果没有特长，我有一份善良而敏感的心吗？我了解自己的身体吗？知道自己五官和身材的特点吗？知道自己的体能和身体技能吗？人与生俱来的技能有运动、看、听等。要让每一个"我"都充分体会自己的"有"而获得实实在在的自信，并从中生发出理想。

"我"是社会性的"我"。人最害怕的是孤独，最需要的是有同行者。一个人当产生了社会兴趣的时候，才真正成了一个人。奥地利心理学家阿德勒（Alfred Adler，1870—1937）特别强调"社会兴趣"的重要性。"社会兴趣是指个体对所有社会成员的一种情感，或是对人类本性的一种态度，表现为个体为了社会进步而不是个人利益与他人合作。社会兴趣不仅是一种情感，而且也是一种对生活的评价态度，是一种用别人的眼睛去看的能力。"（郭本禹，2009）

"我"，既是理性的、社会的，也是快乐的、幸福的。自体中有着各种需要，这些需要得到满足就会获得快乐。例如，开课3分钟、课中2分钟、结课3分钟的设计就是力图符合孩子们的生命节律，让他们的基本需要得到满足，获得快乐。同学和老师们都有自己的兴趣爱好，情趣课程就是满足他们的需要，让大家获得快乐。

"我"，指的是教师、学生、家长相互作用的"我"，是我们大家。教师、学生、家长互为重要他人，彼此深刻影响。因此，这里的"我"是自体客体关系的"我"。教育过程在本质上就是"我"与"我"之间相互影响的过程，这个影响有时大于知识的传授，是一个生命影响生命的过程，是自我成长的过程。

自我的发展就是"光明·我能行，我能行·光明"的基础。"我能行"是一个复合概念，其中含有"我"、"能"、"行"三个核心概念名词，核心概念里又有一个基本概念，即以"我"为基本的"我能"、"我行"。所以，对"光明·我能行，我能行·光明"的认识，首先是对"自我"的认识，其次才是对"我能"、"我行"的认识。

能，是情感。只有情趣和情感才能唤醒人体中所有的能量。情急之下会有创造性的智慧。真实的情感是自我的社会性方面的第一需要。善是真正的智慧。中国与西方文化对此持有相同的看法。苏格拉底有一句话："美德即智慧。"孔子有一句话："从心所欲，不逾矩。"当然，他说的是人到七十才能做到这一点。而我想到的是，如果人是善良的，不管他做错了什么事，最终会得到他人的认可，而如果是不善良的，即使机关算尽，最后也会遭到他人的厌恶。

能，是机制。机制是自我的重要组成部分，是主我的唯一内容。机制是自我在应对内在需要和外在要求时做出的各种反应的总和。如果一个人有足够丰富的生活，尤其是有足够丰富的人际交往，就自然会形成丰富的机制。例如，在我们小的时候，父母在旁边拉家常，或者带着我们串门儿，以及各种迎来送往，都在教给我们丰富的知识，同时，我们在这样的生活中自然就会形成丰富的机制。

能，含有四项一般能力：身心健康能力、生活打理能力、人际交往能力、学业发展能力。能，是知识学习中获得的原理和方法。能，还是我们的体能。从教师的视角看，孩子虽小却有主动的能。杜威认为，儿童生来就潜存着四种本能：语言和社会的本能、制作的本能、研究和探索的本能、艺术的本能。多元智能理论认为，不同的孩子有不同的智能；从自我理论看，孩子的能在根本上就是自我的壮大。自我是在与他人尤其是重要他人的交往中发展的。从学生的视角看，人小能不小，我有我的能，我的能在长大！

行，是自我的载体。表现为生活常态之行，是人际交往之行、生活自理之行、学业发展之行。健康自我主要体现在这些日常行为之中，又在这些行为中得到发展。行，是生命的特征。

行，是自信和希望的代言词。"我能行"是生活化的表达。行，往往是口头承诺的回答，然后行动跟上兑现，对方会夸你：你真行。

行，是一个积累的结果。"行"的最朴素的含义是"试"、"做"、"成"。"试"就是迈出第一步，是自我的突破；"做"就是把自己的想法和愿望转化为行为的过程；"成"就是敢坚持自己的想法并坚持做到底。行，是一种意愿，是一种行为，是从否定到能行、从犹豫到能行、从行为到行动、从言语到行动力。关键是我，我的情感、我的机制、我的行动、我的坚持。

行，是细节。熟悉学生，通过细节认识学生的长处和短处，用教育者的行影响学生的行。用一句通俗的话来讲，每一个教育者都是学生的榜样，教师一举手、一投足都会影响学生。

行，是社会化的过程。人必须生活在环境之中，这环境既包括自然的环境、社会的环境，也包括自己身体的环境。而一切行为的后果，或者改变自己以适应环境，或者改变环境以适应自己，又或者兼而有之。

教育科学的研究对象是人类的发展行动，只有不断回到行动的目的，才能真正理解行动。需要说明的是，人的有意义的行动都是从每个人自我的价值关联出发的。因此，行动的意义都是自我的。

3. 第一个"光明"代表的是光明教育的办学理念

所谓办学理念，就是围绕学生培养目标制定的学校教育行为的总的指导思想。

光明教育总的指导思想是"童心生活、温暖和谐、有教无类、生态开放"。

童心生活。现在的孩子过多的时间用于读书，而失去了生活的机会，失去了童年的生活。在本该游戏的年龄，他们没有了游戏，失去了在游戏里扮演爸爸妈妈和警察叔叔的角色的机会，失去了社会化探索的机会；在本该跟着父母学习洒扫应对的年龄，他们只是读书，生活的常识都不知道；在最充满幻想的年龄，他们天天疲于奔命地学习，没有了坐在台阶上遐想的时间；在本该有各种各样问题要问的年龄，他们因为忙于学习以及大人的顾不上，而将问题搁置在了心里。光明教育就是要想方设法联合家长一起还给孩子们童心的生活。

温暖和谐。温暖是指光明教育是对人的需要具有敏感性的教育——"他今天怎么不高兴了？"温暖是指光明教育永远是积极善良的。温暖与冷漠相对。冷漠是教育的大敌。和谐是指没有隔离。隔离是教育的大敌。光明的教师、学生和家长之间永远是和谐的，没有隔离的。知识与生活、与自我之间不是隔离的。温暖和谐的教育是舒适的、充满情趣的。

有教无类。其本意是教育不排斥任何人。客观上，学生的背景、特点、经历的多元化，形成每一个人是独特的个体。人，原本是"有类"的，但通过教育，却可以消除这些差别，也可称"有教无类"。可见，"有教无类"是教育的前提，又是教育的结果。

生态开放。这里的生态指向教育生态，就是人与环境的关系。任何一所学校都会面临国际和人类教育宏观生态、学校地域教育中观生态和学生个体教育微观生态。同理，光明小学的教育生态是丰富的：其一，光明小学由三个校区构成，每个校区有自然的学校生态；其二，光明小学地处首都优质生态教育环境，必然有志向追求现代化、国际一流的基础教育优质生态；其三，人才是生态的精灵，是教育生态的本体观。由此，宏观、中观、微观聚合成教育生态系统整体观。

开放，至少有以下四层含义：首先，开放是人的开放；其次，开放是教育信息的开放；再次，开放是教育服务的开放；最后，开放是教育模式的开放。当然，开放对教育者来说存在挑战与困难，而这些挑战与困难正是教育最终走向不断进步的必经之路。

现代教育把建立一个多元文化的校园看作教育的优质生态环境。学校生态的丰富性、文化的多元化是发挥所有人影响所有人功能的前提，这正是生态开放思想的办学方略。

（三）光明教育的实践系统构建

光明教育的学生培养目标和办学理念明确之后，要落实到教育行为上，就需要进行实践系统的构建。

1. 抓住"童心生活"这一学校教育行为总的指导思想的基本思想，建构教育实践系统

童心生活、温暖和谐、有教无类、生态开放是围绕学生培养目标制定的学校教育行为的总的指导思想。童心生活是整个教育行为指导思想的核心。当我们能真正走进孩子的内心世界，关注童心的生活时，我们才不会过多地关注学生的家庭是条件优越还是贫穷困难，不会过多地关注家长是本科、研究生毕业还是高中、初中毕业。当我们充分关注到了每一个孩子、每一个人，关注到每一个孩子作为一个人的自然生长过程，以及每一个孩子的人的本能需求时，我们自然会从他们的身上感受到温暖，进而主动地给予孩子们更多的温暖与和谐。当教师关注到了人性的需要，尊重了人的成长的自然规律，就会发自内心地做到温暖和谐、有教无类、生态开放。

人的内心世界太丰富、太精细，只有生活会让人打开内心。人的能力的形成，一方面与知识有关，另一方面与生活有关。生活经验是学生理解知识的基础，生活中形成的机制是人的自然机制，它超越知识，在知识中是学不到的。一个人必须有生活，在生活中形成的能力更自在、更灵动、更具有生命性。

从"童心生活"这个核心办学理念出发，我们尝试提出学校教育行为实践中更为具体的教育原则——以生为本、以情动人、以身示范、以小见大，更有操作性的教学原理——满足本能兴趣、卷入自我生活、情感推动认知、知识艺术表达，更有针对性的领导哲学——仁爱之心、合作建设、生动研究、持守立人。

一所学校教育行为的转变，关键是教育管理转型，让教师成为研究的主体，促进教师成为具有人格魅力的教师。那么，怎样找到实践逻辑的焦点？要让童心生活丰富、生动起来，教师首先要成为内心世界丰富、具有人格魅力的人，而要让教师变，管理就先要变。转型的关键是区分行政管理与学术管理，建立非行政的研究小组，否则，学校文化中强烈的行政色彩很难使教师的特质发展起来。学校以"童心生活"为立场，以培养教师自觉、自主发展心智、独立性、专业自主性为目标，让光明小学的教师葆有一份孩子般的奇思妙想和玩耍的心，成为教育教学实践的艺术家。

持守立人的研究性实践，确立了对人性的关注。紧扣学校整体目标与学生发展、课堂教学与教师特质保护、校长与学校干部群体进步，持守立人的研究性实践才可能引发学校教育、教师的实质性变化，这是何等的重要！

2. 四个方面十二个子课题的系统研究性实践，将光明教育贯穿到学校所有方面，影响到每一位教师和家长

十二个子课题都是以学生健康自我发展为核心的，但在不同的领域学生自我发展中突出的问题不同，教育的策略就会不同。于是，我们把健康自我的理论放回到学校具体情境中，进行了进一步的分解和细化，转化在学校课程、空间、家校、管理四个领域，并在四个领域产生了十二个研究性实践子课题。

（1）童心生活·课程延展

子课题一：真情自主·自我卷入·光明教案。

子课题二：学生节律·知识结构·光明课堂。

子课题三：游戏节·健康节·朗诵节·创造节·光明综合课程。

（2）童心生活·空间延展

子课题四：全局·友谊·合作·教师团队建设。

子课题五：校级学生特长课程·校区学生特点课程·学段团队学生兴趣课程。

子课题六：光明校区·幸福校区·和义校区·不同生活风格区空间建设。

（3）童心生活·家校延展

子课题七：健康自我·家校协同·班级生活。

子课题八：家长沙龙·《家长》杂志。

子课题九：学生自主训练社。

（4）童心生活·管理延展

子课题十：学生档案·教师档案·数字管理。

子课题十一：整体性·结构性·规范性·学校制度建设。

子课题十二：大型校·多校点·组织结构和领导团队建设。

四个领域的十二个研究性实践项目历经了师生、家长调研→与教师对话→协商组建项目核心组→项目研究性实践方案论证→项目研究性实践方案发布→教师与项目组双向自主选择组建研究性实践团队→学校保障项目研究性实践的规范与制度建设的过程。这一系列的过程，既是健康自我理论普及的过程，又是深入诊断学校的过程，更是干部、教师相信自我、构建健康自我的过程。十二个子课题中有七个课题分别申报了全国教育科学规划办课题和市级区级课题。

我们对四个领域的十二个研究性实践项目进行了两方面的思考。一方面是对研究什么的思考，回答了研究主题的来龙去脉。要以尊重的态度制定研究计划，尊重光明小学的历史、老师、学生、家长。在确定研究什么之前，我们不得不反复追问：作为学校，我们为什么要做这个研究？作为老师，我们又为什么要做这个研究？对于学生，这样的研究可以给他们带来什么收获？作为家长，他们又会怎样看待这个研究？学校从现实问题需要分析和解决、办学思想需要不断深化和和发展、健康自我与现实问题和办学思想的契合三个方面认识并分析了研究主题有怎样的来龙去脉。另一方面是对研究方法论的思考。怎么进行研究？我们形成的研究方法论的主要想法有两点：一是坚持理论学习和案例研究有机结合的方式推进研究，推行嵌入式理论学习，让教师不断丰富对案例背后的认识，而这些润物细无声的认识变化也正是课题研究的重要突破口；二是从现实问题出发开展当下的研究。人类学重视"当下"——当下的意义、当下的人和对当下的整体把握，这让我们想到，只有解决当下问题的研究，教师们才有积极性。因此，我们的课题研究就是要在解决当下学校面临的各种现实问题中进行，即从现实问题出发，在现实问题的解决中开展课题研究。

3. 细化校区、学段学生培养目标和行动路径

每一所学校面对的现实问题很多，而且每个问题自身都有复杂性。无论是一个问题，还是诸多问题，都需要解决。要找到解决问题的思

路，首先要有分析问题的框架。

学生培养目标的细化，我们从两个层面深入研究。

（1）学段层面

学生培养目标是学校办学的纲，纲举目张。干部教师要举起这个"纲"，是需要付出艰辛的，这个漫长的过程，就是干部教师共同学习的过程、调研的过程、自我诊断的过程、实践探索的过程，也是共同发展的过程。

直到今天，我们还在经历这个"举纲"的过程。我们进行了"将健康自我有机纳入学生培养目标体系教职员工大讨论与调研"，请每一位教职员工联系自己的教育生活和教学实践，反复理解，尽量站在学生发展的立场上静心思考，提出鲜活的、系统的、有内在一致性的光明小学学段和校区学生培养目标。

教职员工的投入和参与的热情很高，我们收到了老师们很多细致入微的对学生培养目标的理解，丰富的、充满感性的关键词让我兴奋不已。我们重点结合了季苹教授提出的制定学生培养目标的"专业依据"和"校本学生依据"，顺着健康自我的身心健康、生活自理、人际交往、学业发展的四个层面，整理出光明小学低、中、高三个学段学生培养目标的内容，供学校教职员工进一步在实践中验证和完善。

童心生活·低学段：爱上学，好自主；爱卫生，好作息；爱同学，好伙伴；爱记忆，好发现。

童心生活·中学段：爱运动，好主动；爱美丽，好打理；爱集体，好奉献；爱幻想，好探索。

童心生活·高学段：爱生活，好健康；爱知识，好智慧；爱人类，好美德；爱理想，好希望。

在学生学段目标内容的基础上，老师们经过凝炼，提出了"光明·童心生活"八句话：爱运动，我坚持；爱生活，我自主；爱知识，我专注；爱服务，我奉献；好交友，我信任；好优雅，我示范；好探索，我激发；好理想，我追求。

（2）校区层面

光明小学三个校区由于所处地域、历史沿革、建筑风格、生源背景等多种因素的差异，在发展规模、发展方式、师生结构、环境建设、设施设备、社会影响等方面各有特色。为此，各校区认真分析了该校区学生发展的一个优势和一个问题，结合校区特色，针对当下问题，梳理了校区学生发展目标。

光明小学本校区地处中心城区，地域优势明显。本校区是光明小学的根基所在，积淀了深厚的教育文化底蕴，发展至今已成为学校教育教学实践的研发中心。本校区的学生生源整体素质好，家庭物质基础较为优越，家长受教育背景及对教育的认知理解程度普遍较高，学生眼界开阔，见多识广，人际交往能力较强。同时，家长对孩子的约束和管教也比较多。兴趣爱好的广泛和眼界的开阔给学生带来了浮躁的负面影响，他们缺少专注地做好一件事情的态度和行为。在本校区，高达64%的家长对孩子未来的学历期望为研究生及以上。家长对孩子的期望不仅仅在学习成绩方面，而是更加全面。学校的课程和教学安排怎样能够深层次地满足学生发展的需要，满足家长对孩子的期望？

光明小学广渠校区是2013年新启用的住读部，校区面积与学生人数比十分合理，空间功能设计现代，硬件设施条件居各校区之首。该校区学生由于居住地远、家长在外地或忙于工作等各种客观原因，从入学起就离开父母在校生活，孩子们的生活自理能力比较强，但学习空间和生活空间的界限模糊。在日常教学过程中，教师们普遍反映住宿班的学生常常注意力不集中，攻击性行为较为频繁，进入高年级后，家长们还反映孩子与自己有距离，亲情关系有些疏远。根据我们的经验，寄宿学生到中高年级就会在作文上体现出生活的匮乏。他们平时住在学校，周末又多被家长安排了各种学习班，对自然生活的体验有所缺失。还有，家长将孩子送到学校寄宿，还担心没有课外学习，学生是否会落后在起跑线上。寄宿学生面临的特殊问题，我们如何帮助解决？关键是，我们如何认识这些表面问题背后的本质需要？

城南校区是光明小学比较特殊的一个校区，学生来自对教育有很大期望的普通百姓和流动人口家庭，绝大部分居住在学校所在的小区内。该校区的学生大都很朴实，在学校年度运动会上他们的成绩常常是三校区最佳。学生及家长对生活品质要求不高，家长的受教育程度普遍较低，相当一部分家长忙于生计无暇顾及孩子的教育，家长缺少和孩子交流的意识和技巧，学生见识少、眼界窄，缺乏对未来和理想的向往，精神生活匮乏。城南校区学生们家庭生活的状况意味着什么？家庭的穷困根本上不是物质上的，而是精神上的。如何解决这些学生的问题，同时将家长的发展纳入学校考虑的工作内容？

结合各校区现实的问题，我们分析了学生在发展上的突出问题，表面问题背后还有本质问题，只有一起解决才是根本解决。

一是确立校区特色定位。

本校区：自主专注的童心生活。广渠校区：温情温暖的童心生活。和义校区：眼开心开的童心生活。

二是开发校区辅助课程。

本校区：优雅课程。例如，开发小课题综合研究、中国线描、国文经典诵读、太极扇等课程，以培养学生优雅的言行，让学生对一件事情从"有趣"到"乐趣"，最终达成"志趣"，从而促使学生专注的态度和行为的形成。

广渠校区：生活课程。例如，开设公园课程、社区课程，让学生接触丰富多彩的自然生活、社会生活，培养学生的"社会兴趣"和"社区精神"。开设生活课程，实践两个维度：个人与他人。个人的基本生活能力即自理能力，具体目标内容是：① 自我服务；② 个人卫生习惯；③ 安全意识。与他人生活的能力即亲密度，具体目标内容是：① 同伴关系；② 师生关系；③ 与父母的亲密关系。目的是提升学生个人的基本自理能力和与他人交往的能力，增进与老师、同学的亲密关系，并迁移到学生与家人的亲情关系的改善与提升上。由这两个基础能力，奠基学生健康快乐生活的力量。

和义校区：博览课程。例如，城南校区管理团队结合学校所处地域特点、校园优势以及学生发展需求等因素，初步尝试了拓展"光明课堂"教学实践空间，使学生在学校生活中既能打开视野，又能体力、精神俱佳，促进每一个学生素质的提升。

在深入调研学生、家长的具体情况后，我们集学校教职员工智慧，提出"在教学楼走廊内放置书法练习架"和"增添适合小学生运动的校园体育设施"两个项目。其一，采取此方式的最终目的不是培养书法家。中国文化博大精深，我们力图通过空间氛围的营建，让学生在亲身体验文化的过程中，对中国文化有所感悟，逐步开启学生的文化视野，进而开启学生的智慧。其二，教学楼走廊可以视为教室空间的延伸，同样是学生自主学习和展示自我的领域，可以拓展学生班级生活空间。教学楼走廊同时也可以视为教师教学实践空间的延伸，引发教师思考、研究在常规班级教学基础上拓展学生学习生活空间。其三，通过这种环境上的改变，引发学生对"何时动、何时静"、"何处动、何处静"的思考和行为上的优化，在行为模式上引导学生，使学生培养"公共廊道安静有序，户外操场生龙活虎"的思维与习惯。此外，城南校区有充足的户外空间，在户外场地放置大量的沙袋，练习学生臂力；放置足球练习架，练习腿部力量；在各个运动场的边上挂上长短绳，学生只要想练习跳绳，随手就可取到。同时，建有相应的鼓励运动的标准，并有安全防范措施。设施的因地制宜，目的是让学生进行充分的身体运动，增强学生同伴交往，激发学生对学习、对生活充满信心和希望。城南管理团队还将在实践过程中不断发现问题，不断总结，及时调整，随时反馈，努力探索光明课堂教学实践的新空间，促进学生健康快乐地成长。

城南校区已进入北京市实施的教育城乡一体化工程，学校环境、空间、设备将整体上一个台阶，学校将同步设计阅读课程和博物馆课程，希望通过大量的阅读和走进博物馆的活动，使学生打开眼界、开放心境，丰富学生的内心世界，提升其精神品质。

光明小学的现实问题，是我国基础教育发展现阶段共有的问题，即教育均衡发展。解决上面这些基本问题，是光明教育的基础，也是促进学生健康自我发展的基础。

光明的教育，就是要用光明照亮每一所学校，点亮每一个学生。高质量的教育均衡需要有统筹协调的大局观为指导思想；需要以更加开放、公正的态度办好每一所学校，教好每一个学生；需要以优势互补的方式让校区特色得以彰显和融通，使优秀的更加优秀，从而实现高质量的均衡发展的素质教育。

光明小学三个校区组成"一本两翼"，取腾飞之势，立足光明，发展光明，让光明培育的种子在每一个校区生根发芽，教师"教不倦"，学生"学不厌"。光明教育的宗旨，就是立足"培养学生"，为家庭、为社会、为国家培养优秀的人才苗子。

参考文献：

郭本禹. 2009. 精神分析发展心理学 [M]. 福州：福建教育出版社：157.

克里希那穆提. 2008. 你就是世界：Ⅱ [M]. 孙芳，译. 海口：海南出版社：87-88.

克里希那穆提. 2010. 教育就是解放心灵 [M]. 张春城，唐超权，译. 北京：九州出版社：17.

刘永胜. 2004. "我能行"教育的思考与实践 [M]. 北京：北京教育出版社.

"两种目标"使学生培养目标明确并可操作

密云县第三小学　魏国民

参加北京市名校长工作室的学习，体会很深的是校长要有系统思维，而学生培养目标是学校系统构造的灵魂，体会更深的是学生培养目标的制定要有学理依据。学生培养目标要有针对性，要行之有效，必须有学理依据。

一、根据理论分析与调查研究确定学生培养目标

教育是一门科学，应当有其学理。过去做校长，制定学生培养目标通常以教育政策和自身经验为依据。而实际上，教育政策往往是在一定的理论指导下形成的，如果不懂得其中的原理，以政策为依据往往也会落空。因此，在这次制定密云三小的学生培养目标的过程中，我们反复思考其中的学理，并尝试将这些学理作为依据。

（一）在党的教育方针和健康自我之间确定学生培养目标

关于自我的理论最重要的意义是让我们对人的理解具体化，对教育的目标的理解具体化。

1. 自我

"自我"这个概念初听起来，感觉和"自己"差不多，但其实是心理学中的一个重要概念，其中蕴含着无数心理学家对人的内心世界的探索成果。在充分学习、分析、总结前人探索成果的基础上，我们认识到，自我是自体的认识者和管理者，根据对自体的感受、体验和认识，通过各种心理机制对自体内部各要素的关系以及自体与客体的关系进行协调，直接的目的是平衡、整合、快乐，根本目的是获得生存、发展和幸福。这里所说的自我更强调的是与发展息息相关的主我，即作为认识者、组织者或者心理机制的自我，而不仅仅是作为认识结果的客我。自我的所有机制的服务对象是自我意识到的需要。自我既有社会性，也有生物性。

2. 健康自我

在自我的基础上，健康自我在行为上表现出自主性，即自发、主

动、自动、探索、投入、坚持、选择、协商和自我调节等特性，其核心是主动、自信、理想、兴趣、机制，而在内心形成了对自体相对全面的感受和认识，并能以各种心理机制对自体内部的各要素的关系和自体与客体的关系进行协调，最终获得幸福的体验。

健康自我的本质特征，即自我的完满发展，是人的社会性和生物性的充分和谐发展，是自在自我和自觉自我的充分和谐发展。

弗洛姆认为，教育过程就是价值引导过程，即教育是透射着、蕴含着教育者主观意趣的引导活动，这种主观意趣内含着教育者的价值选择和价值预设，诸如什么需要是最有价值的，如何合理正当地去实现和满足这些需要等。教育的价值导向在历史上表现为两种方式：一是教育的个人价值导向，引导人性向个人主义的方向发展；二是教育的社会价值导向，引导人性向集体主义的方向发展。但这两种教育价值导向往往容易走向极端，表现在：一是人的需要过度扩张，威胁到社会的公平与公正，结果虚妄了人性；二是合理正当的需要受到社会不合理、不正当的限制与压抑，结果扭曲了人性。显然，这两种对立状况都不能体现教育价值引导的本意。正确的教育价值导向原则应该以社会为依归，社会的价值导向应充分体现包容性和宽容性，尊重并尽可能提供每一个合理的、人性的需要得以实现和满足的条件和可能性。（弗洛姆，2002）所以，教育目标的实现过程，就是健康自我实现的过程，就是对学生自我当中存在的社会性和生物性进行选择、诱发、控制、培植成长的过程。

以健康自我理论关照我们学校教育中的学生生活，可以把它大致划分成这样几个领域：身体自我、人际自我、学业自我和社会自我。我们进一步将健康自我与这些领域的生活以及学生需要从中发展的能力内在联系起来，提出小学生活应着力培养学生四种能力：健康自我·生活自理能力、健康自我·人际交往能力、健康自我·学业发展能力、健康自我·公民参与能力。这样，可以将健康自我与学生的生活内容和发展内容结合起来，能够在实践中落实，避免健康自我的抽象和空泛。

3. 健康自我为教育方针的实现提供了起点和路径

我国的教育方针指出：实施素质教育，就是全面贯彻党的教育方针，以提高国民素质为根本宗旨，以培养学生的创新精神和实践能力为重点，造就有理想、有道德、有文化、有纪律的德智体美全面发展的社会主义事业的建设者和接班人。

党的教育方针是学生发展的最终目标，是我们制定学校学生培养目标的基本依据。作为教育工作者，我们有责任探索实现党的教育方针的专业化方式，寻找德智体美在学生内心世界的原生点，创设让学生们在内心世界生发出德智体美的教育环境。这就需要我们既要深刻理解党的教育方针的含义，又要洞悉孩子们的内心世界，二者之间并不是平行的、互不相关的，而是相互照应、相互关联的。

健康自我为我们理解人的内心世界提供了丰富的专业知识。自我的核心是需要，我们要了解人的内心需要，通过教育唤醒孩子们内心美好的需要。孩子一出生就同时有生理的需要和心理的需要，母亲在满足孩子生理需要的同时也满足了孩子安全、依恋的需要。依恋就是社会自我发展的基础，是人的一切美好情感和道德的开端。孩子一出生就开始了学习，从吸吮到抓握，学习是孩子与生俱来的需要。我们只有了解学生们丰富的内心世界，才能真正帮助他们朝着完满的方向发展。

党的教育方针的实现过程是每个学生的发展过程，是每个学生内心世界的发展过程，是每个学生自我发展的过程。

以往在学校工作中，由于知识学习的起点和路径很清楚，常常会导致知识学习成为学校工作的全部。现在，健康自我通过身体自我、人际自我、学业自我、社会自我几个领域为课堂生活、班级生活、学校生活、家庭生活和社会生活提供了起点和路径，就能够在根本上避免目的与过程不一致的情况，为学生的全面发展提供了理论、内容和方法的支撑。

4. 在教育方针和健康自我之间确定"健体、尚学、乐群、爱国"的学生培养目标

国家的教育方针是国家教育意志的体现。关注人在德、智、体、美各方面都得到全面发展，是党在制定我国的教育方针时继承了马克思主义关于人的全面发展思想的成果，充分体现了党和政府对人的关怀，与马克思的全面发展理论所针对的人的片面发展形成鲜明对比。这种尊重人、发展人的思想发展到现在，就是明确提出了"以人为本"。

怎样"以人为本"？心理学对人的研究成果非常集中地体现在对自我的研究上。心理学研究认为，共生性是自我发展的本质特征之一，人的共生性决定了人的生物性发展和社会性发展是不可分割的有机整体，始终相依相伴。人的生物性和社会性的充分和谐的发展，就是人的自在自我和自觉自我的充分和谐发展，也就是人的自我的完满的发展。自我的完满发展，"意味着一个人把自身的功能卓越地发挥出来，把那些成其自身，决定自身而使自身区别于他人的'所是'充分地发挥出来，从而达至一种'是其所是'的兴盛的、完满的生存状态，同时也是一个人真实的生存状态"。（李娜，2011）从中不难看出，"以人为本"就是追求人的自我的完满的发展。自我的完满发展得以实现的重要条件之一就是"爱"。弗洛姆认为，爱应该是人本质力量的体现，是人通过发展他的理性而对一种自由、和谐的生存状况的渴求。（任燕红，2006）在爱里有了解、关心、责任和尊重；爱呼唤信仰、行动和勇气。按照弗洛伊德的观点，一个接受充分爱的人，将来必是人格健全、能爱人、有独立感、肯负责的自我实现型的人。（黄志平，2006）另外，丰富的社会实践与交往，也是自我完满实现的必要条件。

"健体、尚学、乐群、爱国"的学生培养目标，就是植根于健康自我理论，对应身体自我、学业自我、人际自我、社会自我提出来的，是落实国家教育方针"以人为本"要求的具体体现。

（二）在调查研究中核实学生培养目标

从理论上确定的学生培养目标是不是符合学生的实际情况，是不是符合学生发展的需要，其需要的程度和具体内容是什么，还需要调查研究。制定学生培养目标要在充分调查的基础上，找出事实依据。时代的召唤和儿童的天性永远是学生培养目标确立的风向标。所以，随着时代的变化、学生的变化，我们需要不断进行调查研究，以科学的调查结果不断拷问我们的学生培养目标，这样才能做到与时俱进，才能真正把学生本身作为目的，落实以生为本。所以，学校的学生培养目标不是一成不变的。

1. 健康自我理论为学生发展需要的调研和分析提供了框架

我们围绕学生的发展需要，在教师、学生、家长和社区当中开展问卷调查。健康自我理论为调查问卷的设计提供了框架。问卷的内容紧紧围绕着身体自我、学业自我、人际自我和社会自我展开。因为，健康自我所提出的这些内容涵盖了学生生活的各个方面，是教育必须要关注的，任何内容的缺失或者偏颇，都会导致教育的失败。裴斯泰洛齐（1996）认为，"无论是过分的情感发展，或是过分的智力发展，缺乏平衡都会导致最终的失败"。所以，裴斯泰洛齐（2001）说："必须培养完整的人性。为了充分地掌握我们所指出的'依据大自然'的意义，我们必须牢记我们的一切工作都是设计来影响各种能力处于同一的人的整个本性的。他依靠我们各种能力的和谐——这种和谐一旦建立起来，就将影响我们整个的实际生活。"健康自我理论为我们全面均衡地关注学生提供了具体的视阈，为调查问卷的设计提供了框架。

调查问卷以选择题为主，辅以补充回答，做到封闭和开放有机结合，确保反映学生全面真实的需要。

对于问卷的数据，我们依然以健康自我理论为依据进行分析，重点考查学生需要的内容和方向，重点关注主动、理想、兴趣等方面。这样，能做到调查问卷设计框架和分析框架的一致，在科学的基础上，保证结果的真实。

调研结果及分析如下。

（1）家长对学校的需求

① 希望孩子：提高学习成绩（35%），培养兴趣爱好（39%），养成良好品德（21%）。

② 希望孩子交的朋友品行好。（56%）

③ 希望学校能给学生提供展示的平台（55%），希望学校开设兴趣班（23%）。

④ 读书活动还有深化的空间，有部分学生不怎么读课外书。（45%）

⑤ 最希望班主任关心指导的是：学习（36%），品德行为和习惯养成（33%），身心健康（27%）。

⑥ 希望建立学生社团。（46%）

调研问卷中我们关注了学生发展两方面的内容：一方面属于基础性内容，比如兴趣爱好、身体素质、习惯、情绪管理、意志品质、角色认知、处理关系等；另一方面属于发展性内容，比如知识、技能、思维方式和思维水平等。这些内容综合起来构成学生发展的全部。而这两方面内容是相互促进的，任何只关注一方面的做法，都无助于学生的健康发展。

家长关注孩子学习成绩的提高，期待班主任指导学习，也关注孩子兴趣爱好的培养与展示；关心孩子身心的健康；关心孩子良好品行和习惯的养成。同时，家长希望孩子交品行好的朋友，也就是期待孩子能有一个积极向上的健康的交际环境。从上面的调研中我们可以看出，家长对孩子的学习关注度较高，而对他们基础性发展内容的关注明显不足。

我们一般将学习知识和技能与发展等同，实际是将学习大大窄化了。这恰恰是发展观和学习观出了问题。发展是人整体的发展，而不只是知识的增长和思维的提高，学习也不仅仅是知识的学习和科学思维的提高。这些问题需要在密云三小的教师和家长中展开讨论，要建立健康的发展观和学习观。

（2）学生对学校的需求

① 眼里好朋友的样子：学习成绩好（54%），能够倾听我的烦恼（90%），有共同兴趣（36%）。

② 你总能得到同学的理解吗？只有几个人能理解我。（58%）

③通过六年的学习，你希望：成为学习好的人（21%），多才多艺（37%），有一技之长（17%），会思考（17%），善良（12%）。

④最喜欢的老师：态度和蔼（25%），知识渊博（16%），公平公正（25%），幽默风趣（41%）。

⑤喜欢的校本课程：艺术类（24%），体育类（33%），科技类（39%），学科拓展类（10%）。

⑥经常在同学面前展示自己的特长吗？很少（66%），没有过（24%）。

从上述数据可以看出，学生对自己的基础性发展内容的关注明显不够。从上述数据中可以看出，孩子希望自己善良的只有12%，对良好人性的关照已经大大地被学生忽略了，这与我国的教育方针是背道而驰的，也会在将来严重制约学生的健康发展，需要学校教育给予高度关注。另一个值得注意的问题是，学生普遍在追求自我价值，都是以自我为核心，有自私的倾向。他们渴望有能够倾听、能够理解体谅自己、关心自己的朋友，希望别人理解自己，却很少能主动理解关心他人，不会和别人交往。通过分析学生的情况，我们发现在培养学生健康自我的过程中培养学生的人际自我、社会自我尤为重要。

（3）教师对学校的需求

①压力大来自于：收入（20%），住房（15%），家庭（26%），健康（17%），工作（20%）。其中，工作压力来自于：学生难教（35%），职称评定（25%），发展需要（15%）。

②业务发展的期望：提高教学水平（37%），提高理论水平（28%）。业务发展上希望学校提供的帮助：业务进修（37%），教学研讨（40%），名师导航（34%）。

③为了自身发展急需学习的知识：学科专业知识（51%），教育教学理论知识（42%）。

④怎样备课：集体备课（9%），广泛参考博采众长（38%），根据学生实际自己设计（60%）。

⑤关于班级管理：需要提高管理技巧（58%），需要进行情感沟通（31%），需要关注小干部培养（18%）。

⑥关于指导学生与人交往：有问题时才指导（52%），很少指导（12%）。

⑦关于教科研工作：希望自己结合实际工作选一个课题（62%），与同事选择共同感兴趣的课题（31%）。

⑧希望学校给专业成长提供的支持：形成教研氛围（28%），聘请学科教学专家和学生问题专家（37%），提供外出学习的机会（54%）。

从上面的数据中可以看出，教师在自身发展方面重发展性内容，轻基础性内容，对自己的健康关照不足，教师工作压力较大。通过调查教师与学生的情感沟通情况，我们发现，教师对学生的身心健康关注不够，重学生学业发展，忽视了其他几个方面的培养，尤其是对学生人际自我的培养，多数都是在学生交往遇到问题时才给予指导。

以健康自我理论为学理依据，在国家教育方针和政策法规的指引下，在科学调研的基础上，我校确立了学生培养目标：健体（身体自我），尚学（学业自我），乐群（人际自我），爱国（社会自我）。

2. 了解学校发展的优势和劣势，确保学生培养目标的可行性

（1）学校发展的优势

学校地处密云县城中心，交通方便，资讯比较发达；生源充足，家长素质较高；学校毗邻的机关厂矿较多，有较丰富的社会资源可以利用；学校和县域内的优质学校及市区内的许多名校及专家有较好的联系，可利用的资源较丰富；学校办公经费基本满足常规需要，教学办公基本实现了信息化，教学环境较好；领导对我们的各项工作也给予了大力支持。

学校73名专任教师，硕士学历1人，7人研究生在读，本科学历58人，本科以上专任教师占专任教师总数的90%；市县级骨干教师和学科带头人12人，校级骨干9人，骨干教师占专任教师总数的近30%。40岁以下教师28人，40岁至50岁教师31人，50岁以上教师14人，年龄结构基本合理。教师勤勉敬业，工作严谨认真，一丝不苟。学校长期以来形成了一套行之有效的工作机制。全体教师和这种工作作风是我们最宝贵的财富。

三小的学生具有良好的生活环境，相对丰富的生活经历，生性活泼，视野开阔，有较强的表现欲和成长愿望。

学生家长素质高，具有大专以上学历的占92%，具有本科以上学历的占45%。家长中工人占14%，公务员占12%，经商者占7.5%，事业单位人员占40%，自由职业者占15%。家长们具有良好的教育背景、社会背景和生活背景，绝大多数都很重视孩子的教育，是学校教育的宝贵资源。

如果全体教师和家长能够进一步转变观念，将工作的着力点不仅放在学生的知识学习上，而且放在学生培养目标的整体实现上，三小的学生一定会获得更好的发展，密云三小会成为一所更加全面发展的高质量的学校。

（2）学校发展的劣势

学校场地狭小，影响了学生的体育锻炼，制约了学校活动的开展。学校过于重视课堂教学，忽视了其他教育内容、途径对学生的教育。校本课程不够丰富，课程体系的构建和实施还需要给予关注。很多社会资源还没有纳入学校的教育当中来。教师、家长及学生对自我发展的基础性内容关注不够，缺乏全面发展的意识。家长培养和家校协同有待改进。

从以上分析中我们可以看出：学校有良好的育人环境、先进的教学设备、优秀的教师队伍、丰厚的资源储备以及社会各界和家长的大力支持，这是实现学校培养目标的有力保证。特别是包括家长在内的大量的优质社会资源，为学生的体验、实践提供了广阔的空间。可以极大地丰富教育内容、方法和途径。然而有些方面也制约了学生的发展，我们要立足学校实际，创新和坚持并重，发展优势，规避劣势，促进学校培养目标的落实。学校场地狭小，我们可以推倒思想上的围墙，把可以利用的资源都纳入我们的课程建设当中来，让我们的教育没有边界。我们可以在转变校内活动形式的基础上积极探索校外活动，将校内与校外紧密结合，拓宽学生的培养途径。我们需要不断转变教师、学生和家长的发展意识，从重"智"轻"德、体、美"转变为"德智体美"并重，促进学生全面发展。

（三）用"两种目标"使学生培养目标明确并可操作

校长们常常在目标的表述上绞尽脑汁，可是提出的学生培养目标不是太具体就是无法落实，总是不能令人满意，这主要还是因为没有找到思考问题的路径，缺乏依据。

1. 成分性目标与行动性目标

季苹（2012）[26]教授认为，在我们的教育工作当中有两种性质的目标：综合行动性目标和分析成分性目标。综合行动性目标如踢足球、做衣服等，也就是进步主义教育理论所说的"做"，其含义显而易见。而分析成分性目标，就像 T. 帕森斯揭示的，是指人使得自己的行动获得成功所需要的品质和知识技能等。

季苹（2012）[26-27]教授进而分析了两者之间的关系：综合行动性目标如果脱离了人自身的价值追求和知识技能，就失去了实现的可能性；而分析成分性目标是对行动的某一种属性的概括，脱离了行动是不能存在的，也就是说是没有意义的。因此，我们必须将两种目标结合起来。

2. 密云三小原来的学生培养目标属于成分性目标，缺乏行动性目标

密云三小始建于 1960 年，1992 年从原密云县城关中心校独立出来，独立办学至今已有 21 年的历史，是一所具有优良办学传统的城镇小学。

多年来，学校在"以人为本、着眼素质、立足发展"办学理念的指导下，确立了"教学设施现代化，学校管理法制化，队伍建设人文化，教学质量最优化，办学特色品牌化，把学校办成特色鲜明、美誉度高的知名城镇小学"的学校发展目标，并进一步确立了"学会做人、学会求

知、学会做事、学会健体、学会审美、学会创造"的学生培养目标。以"健康自我理论"和"两种目标"来审视我校原来的学生培养目标，有两点值得思考。

其一，学生的主体地位是不是得到尊重，有没有以生为本？"教育"一词来自拉丁文，意为"引出"，即把"内部的东西表现出来"。按其原意，教育的过程就是把人潜在的能力转化为现实的能力，以适应环境，生存和发展。在我校原来的育人目标当中，"学会……学会……学会……"都是外部强加给学生的要求，学生的主动性被湮没了，有违教育本意，对学生缺乏尊重。因为，"从尊重的角度出发，教育爱就是要帮助学生更好地成为他自己，而不是让学生按着教育者设定的框框来塑造"。（高德胜，2009）[6] 正是在这个意义上，克里希那穆提（2001）说："真正的教育，乃是帮助个人，使其成熟、自由，绽放于爱和善良之中。"

其二，学生的发展目标是不是兼具成分性和行动性内容？一个好的学生培养目标，不仅仅要描绘出我们要做什么，还要描绘出做这件事所需要的品质或者才能。从前面的表述中不难看出，原来的学生培养目标只是分析成分性的，缺少综合行动性内容。

所以，我们继承了原来学生培养目标当中的成分性内容，比如做人的要求、求知的要求、健康身体的要求以及做事和审美的要求等，提出了学生培养的新目标：健体、尚学、乐群、爱国，以"健"、"尚"、"乐"、"爱"四个动词体现学生在实现发展目标中的主体地位。

二、"健体、尚学、乐群、爱国"的内涵

对学生培养目标的清晰解读，不仅具有方向性的理论意义，而且，在落实上还具有方法论意义。对于我校的学生培养目标，我们的解读如下。

（一）健体

1. 成分性目标

喜欢并不断了解自己的身体，知道必要的生理卫生知识。懂得爱惜自己的身体，知道常见疾病的防控常识，了解相关的安全避险常识。

知道饥饱、冷暖、舒服的感觉，控制体重，有必要的生活技能。了解身边的环境（饭店、商场、医院、学校、交通、公安等），学会照顾自己。

懂得心情对身体的影响，会倾诉也能倾听。能主动调节自己的情绪。遇到任何问题和困难，都不害怕，不磨蹭，积极想办法解决。相信他人，也相信自己。

了解自己身体的长处和短处，掌握两项运动技能。可以通过尝试各种运动了解自己的长处和短处，可以选择一项自己擅长的运动和一项自己较弱的运动同时发展，既有自信，又有发展。

2. 行动性目标

（1）学生

六年的小学生活要完成全部的学校校本课程，掌握必要的生理、健康和安全常识。

参加学校组织的以体验为主的社会实践活动，认识社区和社会。

掌握简单的生活技能：穿衣，整理床铺，洗衣服，整理房间，简单购物，乘车，报警，烧水，简单做饭。

每天和家人有不少于半小时的聊天；生气不超过五分钟。

每天注意喝水；一日三餐准时；关注天气预报。

六年参加不少于三个体育俱乐部，至少掌握两项运动技能，每天锻炼一小时。

（2）学校

课堂生活："两操一课"的落实；学生表达、倾听和评价的习惯与能力的培养。

班级生活："问寒问暖"、"晒心情"、"论智慧"等系列班队活动的开展。

学校生活：系列校本课程的开发、设置和评价；学校体育俱乐部的开设；学校主题研究和社会实践的统筹安排；校园电视台的全方位服务；体育节的设立和活动。

家庭生活："在家和爸爸妈妈一起运动"交流活动；同学家庭之间在学校引导下的群众性的互动；向父母学习生活的基本常识和技能，每个学期学一到两样，如包饺子、炒西红柿鸡蛋等。

社会生活：利用社会体育资源，以家庭为单位，参与社区、社会群众性体育活动，如游泳、健身、长跑等。

3. 健体的表述

不生气，心情好；不磨蹭，心情好；窗明几净，心情好；心情好，身体就好。爱喝水，身体好；一日三餐，身体好；每天锻炼，身体好；身体好，心情就好。

（二）尚学

1. 成分性目标

有广泛的兴趣，乐于尝试新的东西；喜欢思考并提出问题，试图探究，敢于挑战自我；有谦虚的态度，善于倾听他人。能够联系生活和自我的成长理解学习的重要意义，主动学习，有恒心、有毅力；有将生活与阅读联系起来思考的阅读习惯；敢于质疑，追求真理，有批判精神；实事求是，能坚持但不固执，有开放的心态；讲方法，有科学精神；在尝试中发现自己的兴趣，发展自己的兴趣。

2. 行动性目标

（1）学生

回答自己为什么要学习。

建立问题和错题本，养成一个问题连问三个为什么的追问习惯，不断提出问题和解决问题。

明确自己的兴趣，制订自己的兴趣发展计划。可能的话进行实验、调查或外出旅游及其他创造性活动，坚持完成自己的计划。

养成每天读书半个小时以上的习惯，学习必要的读书方法。

有两三位喜欢的学友，或者成立兴趣小组，经常一起讨论问题。

每学期参加学校的一个或两个展示活动；参加一项主题研究。

（2）学校

课堂生活：以落实学生的主体地位为核心，建构密云三小"主动、互动、生动"的"三动课堂"。

班级生活：以"我的学习生活"为主题，分年级、分层次的系列班队会；以班级为单位的学生社团建设；围绕密云三小读书手册，系统开展读书活动。

学校生活：系列校本课程的开发、设置和评价；学校主题研究和社会实践的统筹安排；丰富多彩的读书节、科技节、艺术节；"我行我秀"无主题展示。

家庭生活：家庭围绕孩子提出的一个问题或者社会的热点问题进行每周一议活动。

社会生活：结合班级工作计划和工作目标，以班级为单位，以班级家长委员会为组织主体，有计划开展具有树德启智意义的实践活动。

3. 尚学的表述

在问题中学习，在兴趣中学习，在体验中学习，在交流中学习，在活动中学习，在生活中学习，在计划中学习。在学习中了解自己，在学习中理解真理。

（三）乐群

1. 成分性目标

能主动了解自己和他人；了解自己的喜怒哀乐，也能理解别人的这种情绪变化；善待自己，友爱他人。

有自己多样性的朋友圈。

初步具有角色意识，能基本理解和掌握不同角色的行为方式，用合适的方式与人相处。

正确评价自己和他人，能和他人合作完成一件事情或者愉快的游戏。

2. 行动性目标

（1）学生

每天和家人有不少于半个小时的聊天；留心别人对自己的评价。

有自己喜欢的真实的游戏，有相对固定的游戏伙伴，熟知并遵守游戏规则。

了解身边人的职业，初步了解不同职业的内容和特点。

尝试去不同的场合做客，会按不同的身份接待来家里做客的客人，基本做到举止得体。

在主题研究学习中，明白分工，也能合作，一起完成学习任务。

在学校做志愿者，或者到社区做义工，一项工作能坚持半年以上。

（2）学校

课堂生活：小组合作学习的有序实效开展；课堂教学中评价机制的建设。

班级生活：小干部竞聘机制；班级活动志愿者机制；"我话我家"系列主题感恩班队会。

学校生活：系列校本课程的开发、设置和评价；学校主题研究和社会实践的统筹安排；校级学生干部竞聘机制；校级志愿者活动机制。

家庭生活：认识自己的亲戚圈，按中国传统走访自己的亲戚。

社会生活：结合班级工作计划和工作目标，以班级为单位，以班级家长委员会为组织主体，有计划开展具有认知体验意义的实践活动，比如"我和爸妈去上班"等。

3. 乐群的表述

在情感中体验，在体验中理解，在关系中认知，在活动中内化，在实践中养成。获得尊重、归属和幸福体验，培养幸福能力。

（四）爱国

1. 成分性目标

有国家的概念，理解国家对于学校、家庭和个人的意义。理解人与人、人与环境之间的关系和意义。有世界的概念，了解国家和世界的关系。明白什么是爱：爱是人类生存和发展的需要；爱是付出不是索取；爱是给予不是占有；给予即是获得；爱不仅是一种情感，更是一种实践；爱不仅是手段，同时也是目的。有爱的情感，有爱的行为，有爱的能力，懂爱的艺术。

2. 行动性目标

（1）学生

认识国旗、国徽，会唱国歌，听到国歌知道起立，看到国旗知道行注目礼。

在与家人的关系中，了解自己是怎么来到这个世界的，感恩家庭。

了解生命的需求——衣、食、住、行、交往等，感悟生命与他人、生命与环境的相互依存关系，懂得尊重。

学习必要的历史知识，知道国家的由来，关注国家的未来。

通过读书、信息技术、电视、广播、网络等途径了解世界，了解世界民族的多样性和文化的多样性。

制订自己的旅游、参观计划，并能按计划实施。

针对自己关心的内容，做出人物访谈计划，每年做一次有准备的人物专访。

有计划去做社会或者社区的志愿工作。参加学校的"爱心传递"、"主题募捐"等活动。

（2）学校

课堂生活：教学设计上的大课堂意识，即在学科背景下教育内容的丰满；精心设计学习中的交往方式和评价方式。

班级生活：班级文化建设中，学生参与下的爱国内容的设计和实现；主题班队会。

学校生活：图书馆、计算机房的开放，配合学生的主题德育活动；校本课程设计上对中国历史和地理、世界历史和地理、人物、物产、文化等内容的选择和安排；系列主题研究活动的安排和社会实践活动的开展；有目的的学生对外游学的安排；随机嵌入式的主题活动。

家庭生活：了解自己的衣食住行，知道它们的来历。例如，了解馒头是怎样走上餐桌的。

社会生活：从重要他人做起，配合学生的交流和访谈活动；结合班级工作计划和工作目标，以班级为单位，以班级家长委员会为组织主体，有计划地开展具有感受实践意义的参观、游览、志愿活动。

3. 爱国的表述

在开放中求理解，在学习中长见识，在尊重中学竞争，在实践中求内化。仰望星空，脚踏实地。开放包容，尊重竞争。

参考文献：

弗洛姆. 2002. 爱的艺术 [M]. 刘福堂，译. 桂林：广西师范大学出版社：8.

高德胜. 2009. 论爱与教育爱 [J]. 教育研究与实验 (3)：6.

黄志平. 2006. 弗洛姆爱的哲学思想及其教育启示 [D]. 呼和浩特：内蒙古师范大学田家炳教育学院：41.

季苹. 2012. 两种目标：综合行动性目标和分析成分性目标 [J]. 中小学管理 (11).

克里希那穆提. 2001. 一生的学习 [M]. 张南星，译. 北京：群言出版社.

李娜. 2011. 当代美德伦理论域下"幸福"概念之诠释 [J]. 求索 (1)：110.

裴斯泰洛齐. 1996. 裴斯泰洛齐选集：第二卷 [M]. 戴行福，等，译. 北京：教育科学出版社：426－427.

裴斯泰洛齐. 2001. 裴斯泰洛齐教育论著选 [M]. 夏之莲，等，译. 北京：人民教育出版社：475.

任燕红. 2006. 爱的求索——弗洛姆爱的哲学思想研究 [D]. 重庆：西南大学哲学系：31.

出 版 人　所广一
责任编辑　何　薇
版式设计　宗沅雅轩　沈晓萌
责任校对　贾静芳
责任印制　叶小峰

图书在版编目（CIP）数据

从健康自我出发：八位校长对学生培养目标的再思
考／李烈，季苹主编. —北京：教育科学出版社，
2013.12（2017.12 重印）
　　ISBN 978-7-5041-8073-5

　　Ⅰ.①从… 　Ⅱ.①李… ②季… 　Ⅲ.①中小学教育—
文集　Ⅳ.①G63-53

　　中国版本图书馆 CIP 数据核字（2013）第 279515 号

从健康自我出发：八位校长对学生培养目标的再思考
CONG JIANKANG ZIWO CHUFA：BA WEI XIAOZHANG DUI XUESHENG PEIYANG MUBIAO
DE ZAI SIKAO

出版发行	**教育科学出版社**			
社　　址	北京·朝阳区安慧北里安园甲 9 号	市场部电话	010-64989009
邮　　编	100101	编辑部电话	010-64989179
传　　真	010-64891796	网　　址	http://www.esph.com.cn
经　　销	各地新华书店		
制　　作	北京金奥都图文制作中心		
印　　刷	保定市中画美凯印刷有限公司	版　　次	2013 年 12 月第 1 版
开　　本	169 毫米×239 毫米　16 开	印　　次	2017 年 12 月第 2 次印刷
印　　张	12.25	印　　数	3 057—5 056 册
字　　数	160 千	定　　价	29.80 元